essentials

Essentials liefern aktuelles Wissen in konzentrierter Form. Die Essenz dessen, worauf es als „State-of-the-Art" in der gegenwärtigen Fachdiskussion oder in der Praxis ankommt. Essentials informieren schnell, unkompliziert und verständlich.

- als Einführung in ein aktuelles Thema aus Ihrem Fachgebiet
- als Einstieg in ein für Sie noch unbekanntes Themenfeld
- als Einblick, um zum Thema mitreden zu können.

Die Bücher in elektronischer und gedruckter Form bringen das Expertenwissen von Springer-Fachautoren kompakt zur Darstellung. Sie sind besonders für die Nutzung als eBook auf Tablet-PCs, eBook-Readern und Smartphones geeignet.

Essentials: Wissensbausteine aus den Wirtschafts, Sozial- und Geisteswissenschaften, aus Technik und Naturwissenschaften sowie aus Medizin, Psychologie und Gesundheitsberufen. Von renommierten Autoren aller Springer-Verlagsmarken.

Anabel Ternès • Ian Towers • Marc Jerusel

Konsumentenverhalten im Zeitalter der Mass Customization

Trends: Individualisierung und Nachhaltigkeit

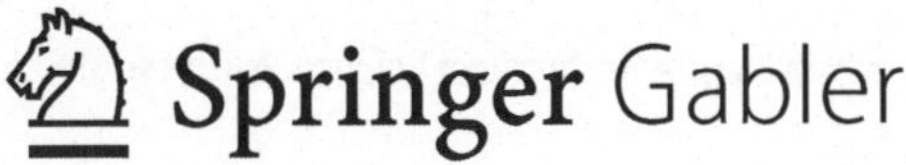

Prof. Dr. Anabel Ternès
Prof. Dr. Ian Towers

Institut für Nachhaltiges Management
Berlin
Deutschland

Marc Jerusel
Zucker.Kommunikation GmbH
Berlin
Deutschland

ISSN 2197-6708 ISSN 2197-6716 (electronic)
essentials
ISBN 978-3-658-09845-2 ISBN 978-3-658-09846-9 (eBook)
DOI 10.1007/978-3-658-09846-9

Die Deutsche Nationalbibliothek verzeichnet diese Publikation in der Deutschen Nationalbibliografie; detaillierte bibliografische Daten sind im Internet über http://dnb.d-nb.de abrufbar.

Springer Gabler

Gedruckt auf säurefreiem und chlorfrei gebleichtem Papier

Springer Fachmedien Wiesbaden ist Teil der Fachverlagsgruppe Springer Science+Business Media (www.springer.com)

Was Sie in diesem Essential finden können

- Einen Überblick über aktuelle Trends im Privatkonsum auf Grundlage tiefgehender Medienrecherche und Experteninterviews.
- Kompakte Informationen über die Trends Individualisierung und personalisierte Produkte, inklusive Mass Customization und 3D-Druck-Technologie.
- Anschauliche Praxisbeispiele aus Konsumgüterindustrie und Handel.
- Eine abschließende Zusammenstellung möglicher Konsummuster im Deutschland der kommenden zehn Jahre.

Inhaltsverzeichnis

1 Einleitung: Privatkonsum zwischen Individualität und Nachhaltigkeit

Manchmal sagt ein Bild mehr als 1000 Worte: Obwohl die Fotografie des amerikanischen Fotografen Richard Stultz (Abb. 1.1) auch in zahlreichen deutschen Drogerien entstanden sein könnte, wirft sie unmittelbar die Frage auf, ob eine so große Produktvielfalt wirklich nötig ist. Über 50 verschiedene Brauntöne stehen exemplarisch für die Entwicklung der Produktvielfalt der letzten Jahrzehnte: Während in den 1980er Jahren noch 6000 verschiedene Produkte in deutschen Supermärkten erhältlich waren, sind es heute über 50.000. Inzwischen üben immer mehr Verbraucher Kritik an der „Überflussgesellschaft" und führen einen auf Nachhaltigkeit und Einfachheit beruhenden Lebensstill.

Angesichts des scheinbaren Überangebots von Produkten wird deutlich, dass Kaufentscheidungen von Verbrauchern nicht nur auf die Befriedigung materieller Bedürfnisse abzielen: Wer sich Winterkollektionen der angesagtesten Designer kauft, der gibt sein Geld nicht nur aus, um bei Minusgraden nicht zu frieren. Vielmehr spielen immaterielle Gründe, wie Ansehen und Reputation, eine große Rolle bei der Art und Weise, wie wir konsumieren. In diesem Sinne kann auch die Entscheidung zum Konsum nachhaltiger Lebensmittel etwa eigene ethische Ideale widerspiegeln. Nachhaltiger Konsum gilt nicht zuletzt deshalb als ein zentraler Konsumtrend des letzten wie auch kommenden Jahrzehnts.

Ein weiteres zentrales immaterielles Bedürfnis ist Individualität. Für Christian Rätsch, Geschäftsführer des Agenturnetzwerks Saatchi & Saatchi, steckt das Streben nach Individualität in der DNA des Menschen. Aus dieser Perspektive scheint selbst die Vielfalt von über 50 verschiedenen braunen Haarfarbtönen einigermaßen nachvollziehbar: Am Ende entscheidet nicht nur die Haarfarbe über die Wahl eines Haarprodukts, sondern zum Beispiel auch, ob die Marke eigenen Idealen entspricht. Individualität beschreibt nicht nur aus diesem Grund für viele Branchenexperten wie Rätsch, aber auch Mark Sievers, Head of Consumer Markets der KPMG, einen Megatrend im Privatkonsum der kommenden Jahre.

A. Ternès et al., *Konsumentenverhalten im Zeitalter der Mass Customization*, essentials, DOI 10.1007/978-3-658-09846-9_1

Abb. 1.1 Produktvielfalt in einer Drogerie. (Stultz 2014)

Ziel dieses Essentials ist es, eine möglichst präzise Einschätzung darüber liefern zu können, inwiefern die beiden kurz skizzierten Trends Individualisierung und nachhaltiger Konsum das Potenzial besitzen, neue Konsummuster zu bilden. Neben den Trends Individualisierung und nachhaltiger Konsum spielen hierbei außerdem kollaborative Konsumformen eine Rolle. Zentrale Schlagworte dafür sind Crowdsourcing bzw. Crowdfunding, bei dem mehrere oder viele Konsumenten die Realisierung einer Produkts oder einer Geschäftsidee finanzieren, sowie Share Economy, die gemeinsame Nutzung von Gütern durch mehrere Verbraucher.

Obwohl sowohl nachhaltiges Konsumverhalten als auch individualisierte Produkte in Deutschland bereits auf eine jahrelange Tradition zurückblicken, weisen sie den Trend einer starken Zukunftsorientierung auf, die bisher in nur wenigen wissenschaftlichen Publikationen untersucht wurde. Eine wichtige Informationsquelle stellen daher Onlineartikel einschlägiger Medien und Onlineportale, aber auch Studien und weitere Publikationen von Unternehmen aus Konsumgüterindustrie und Consulting, dar. Außerdem wurden für das Essential fünf Branchenexperten befragt, deren Einschätzungen in die Untersuchung einfließen. Die Interviewtexte liegen im Anhang vor.

Das vorliegende Essential baut methodisch auf dem Essential „Konsumentenverhalten im Zeitalter der Digitalisierung“ auf, das sich inhaltlich vorwiegend mit der Bedeutung des künftigen Zusammenspiels zwischen Onlinehandel und stationärem Einzelhandel für Verbraucher beschäftigt. Die dort tiefergehend dargestellten Informationen und Hintergründe zu Vorgehensweise und Recherche beider Untersuchungen seien deshalb an dieser Stelle nur kurz skizziert.

Beide Essentials stützen sich zum großen Teil auf Trends, ein Begriff, der in letzter Zeit allerdings geradezu überstrapaziert zu sein scheint. Horx (2010a, S. 1), einer der bekanntesten Trendforscher Deutschlands, bezeichnet einen Trend als Veränderungsbewegung und Wandlungsprozess. Als gegenwärtige Prozesse transformieren Trends damit Zustände der Vergangenheit und verweisen gleichzeitig auf deren zukünftige Beschaffenheit (Abb. 1.2).

Im Sinne von Veränderungsbewegungen kommt Trends zudem eine soziale Komponente zu, indem sie von Individuen bzw. ganzen Gruppen getragen werden und sich so entweder immer weiter in die Mitte der Gesellschaft ausbreiten oder schnell wieder verpuffen.

Seine Virulenz rückte den Trendbegriff auch in den Fokus der Wissenschaft. Als Trendforschung versteht Horx (2010b, S. 1) die Analyse von Trends als „Instrument zur Beschreibung von Veränderungen und Strömungen in allen Bereichen der Gesellschaft“. Vor diesem Hintergrund weist die Forschungsrichtung für Pfadenhauer (2004, S. 3 f.) Parallelen zur Zukunftsforschung auf. Zwei Hauptprämissen von Zukunftsforschern sollten dabei ebenfalls für Trendforscher von zentraler Bedeutung sein: zum einen die stets vorhandene Möglichkeit verschiedener „Zukünfte“, zum anderen aber auch die Annahme, dass Zukunft nicht vollständig bestimmbar ist (Pfadenhauer 2004, S. 3 f.). Denn auch Trends zielen lediglich auf einen von mehreren möglichen zukünftigen Zuständen ab, sind jedoch aufgrund ihres Bezugs zur Gegenwart in gewisser Weise auch greifbar.

Dadurch, dass Trends immer einen direkten Bezug zur Zukunft aufweisen, besitzen verschiedene Betrachter unterschiedliche Einschätzungen über deren zukünftige Relevanz im Konsumalltag. Zitierte Quellen sowie eigene Wertungen können daher ebenso nicht als absolut gelten. Im Gegenteil versteht sich das Essential als temporäre Diskussionsgrundlage, welche versucht, die zahlreichen möglichen Ausprägungen neuer Konsummuster anschaulich zu illustrieren. Sowohl die Art der verwendeten Quellen als auch der klare Zukunftsbezug des Themas verhindern absolute Vorhersagen über das Konsumentenverhalten von Verbrauchern

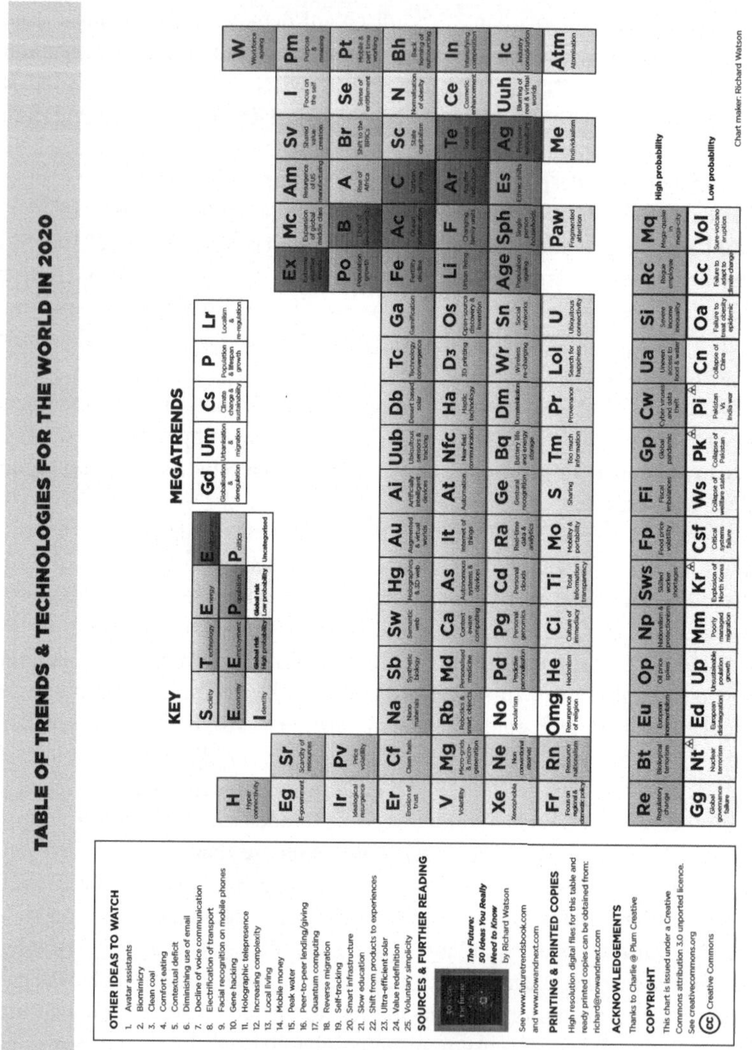

Abb. 1.2 Trends und Technologien für die Welt im Jahr 2020. (Watson 2014)

in den kommenden Jahren. Vielmehr sollten sowohl eigene als auch in den Quellen getätigte Einschätzungen lediglich als *mögliche* Zukunftstrends betrachtet werden, die in ihrer Vorhersagekraft jedoch einerseits stark davon abhängen, wann und unter welchen Begebenheiten sie getätigt wurden, andererseits aber auch davon, von wem und mit welchem Motiv sie kommuniziert wurden.

Das Essential gliedert sich in drei wesentliche Komponenten. Im folgenden Kapitel werden die Begrifflichkeiten „Konsum“ und „Konsummuster“ geklärt; außerdem dient dieser überblicksartige Abschnitt der Betrachtung gegenwärtiger Rahmenbedingungen des Privatkonsums in Deutschland. Im anschließenden Kapitel werden aktuelle Trends aus Privatkonsum und Konsumgüterindustrie aus Perspektive der genannten Schlagworte näher beleuchtet. Abgerundet wird dieser Querschnitt von einem Fazit, in dem die grundlegenden Erkenntnisse der Untersuchung zu mehreren möglichen künftigen Konsummustern aggregiert werden. Daraus ergibt sich eine begrenzte Auswahl von Konsummustern, welche genügend Spielraum für weitere Diskussionen und Untersuchungen im Bereich der „Konsummuster von morgen“ bieten.

2 Aktuelle Rahmenbedingungen des Privatkonsums

Sebastian Zösch, Geschäftsführer der Vegetarierbunds Deutschland (VEBU), rechnet damit, dass sich 2030 fünf bis sieben Mio. Menschen vegan ernähren werden. Die Hauptgründe hierfür sieht Zösch vor allem im Bereich ethischer und gesundheitlicher Überlegungen der Verbraucher. Der Verzicht auf den Konsum tierischer Produkte ist demnach zum Teil auf die Kritik an gängigen Methoden der Massentierhaltung zurückzuführen, teilweise aber auch auf das Bestreben, sich möglichst fettarm und gesund zu ernähren.

Der Konsum veganer Produkte als Ausdruck einer auf Nachhaltigkeit Wert legenden Ernährungsweise stellt ein typisches Beispiel für ein Konsummuster dar. „Konsummuster" bezeichnet damit eine bestimmte Art und Weise des Konsumierens, die sich in einzelnen Gesellschaftsgruppen bis hin zur Masse der Gesellschaft widerspiegelt. Als Konsum, wie bereits angerissen, bezeichnet man weithin

> die Inanspruchnahme von Gütern und Dienstleistungen zur unmittelbaren Bedürfnisbefriedigung durch private oder öffentliche Haushalte (Bundeszentrale für politische Bildung 2013),

wobei sich das vorliegende Essential ausschließlich mit dem Konsum von Privatpersonen und -haushalten beschäftigt.

Privatkonsum ist dabei stets eng verbunden mit dem individuellen Lebensstil von Einzelpersonen oder gesellschaftlichen Gruppen, indem die Art und Weise, wie und was wir einkaufen, gleichzeitig Ausdruck einer bestimmten Lebensgestaltung ist. Zu berücksichtigen ist daher auch an dieser Stelle, dass mit Konsum immaterielle Bedürfnisse realisiert werden, wie das Streben nach Individualität oder die Minimierung seines ökologischen Fußabdrucks. Die nachfolgenden Trends stehen skizzenhaft und exemplarisch für weitere gesellschaftliche Prozesse, welche die Art und Weise, wie wir konsumieren, künftig prägen könnten.

A. Ternès et al., *Konsumentenverhalten im Zeitalter der Mass Customization*, essentials, DOI 10.1007/978-3-658-09846-9_2

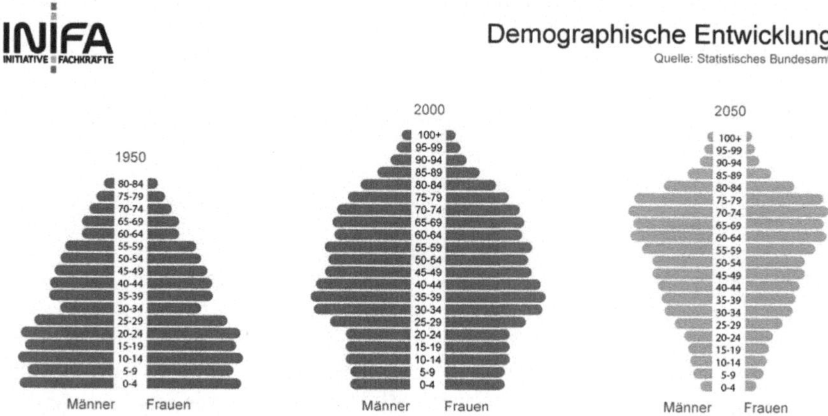

Abb. 2.1 Demografische Entwicklung in Deutschland. (Inifa 2014)

Demografischer Wandel Deutschland altert, oder, wie es Mark Sievers etwas pointiert formuliert: „Wir werden immer weniger!" Grundsätzliche Ursachen hierfür sind zum einen der Geburtenrückgang im Deutschland der letzten Jahrzehnte, zum anderen jedoch auch die steigende Lebenserwartung der Menschen, was schließlich zu einer Alterung der Gesellschaft insgesamt führt (Abb. 2.1).

Die Statistischen Ämter des Bundes und der Länder (2011) rechnen für das Jahr 2030 nur noch mit 12,9 Mio. Unter-20-Jährigen – ein Rückgang von 17 % im Vergleich zu 2008 (damals waren es 15,6 Mio.). Dagegen wird die Zahl der Über-65-Jährigen bis 2030 um rund ein Drittel von 16,7 auf 22,3 Mio. Menschen steigen.

Der demografische Wandel wird sich damit auch in absehbarer Zeit auf die Sozialversicherungssysteme der Bundesrepublik auswirken. Eine schrumpfende Zahl von Arbeitnehmern wird mit ihrem Renten- und Pflegeversicherungsbeitrag für die Rente und Pflege einer zunehmenden Zahl von Pensionären aufkommen müssen (Börsch-Supan 2011). Im Sinne der Generationengerechtigkeit würde ein nachhaltiger Konsum von Staat, Wirtschaft und Privathaushalten dazu beitragen, diese Last der kommenden Generation von Arbeitnehmern zu mindern, indem etwa Aufwendungen für den Klimawandel reduziert würden.

Wachsende Preissensitivität Das aller Voraussicht nach sinkende Konsumniveau künftiger Generationen sowie die Erfahrungen aus den Finanzmarktkrisen der vergangenen Jahre lassen bereits erahnen, dass Konsumenten in Zukunft stärker auf das Preis-Leistungs-Verhältnis zu erwerbender Waren achten werden. Wachsende Preissensitivität und sinkendes Konsumniveau werden außerdem wohl dazu füh-

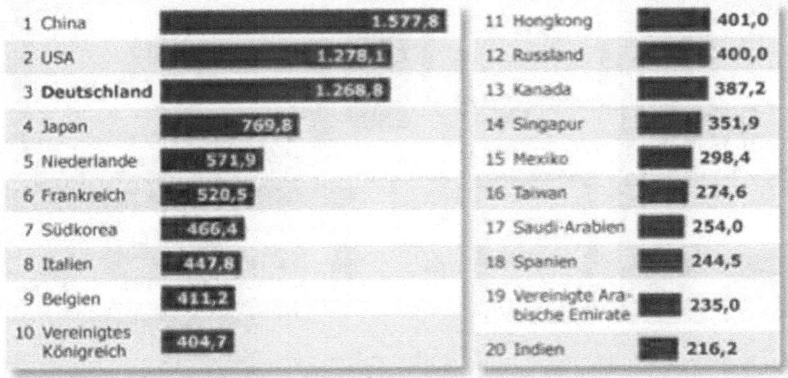

Abb. 2.2 Warenexporte weltweit. (IW Medien 2011)

ren, dass sich Konsumenten verstärkt auf Konsumgüter konzentrieren werden, die sie auch tatsächlich brauchen (must-haves). Aus diesem Grunde werden beispielsweise Hersteller von Unterhaltungselektronik und Haushaltswaren stärker von der zunehmenden Preissensitivität der Konsumenten betroffen sein als beispielsweise Nahrungs- und Getränkehersteller (Beitel et al. 2012, S. 19 f.).

Globalisierung Auch die Globalisierung beeinflusst zunehmend die Art und Weise des Privatkonsums. Konsumenten ist er per Internetanschluss möglich, da Waren aus anderen Ländern – ganz ohne Abhängigkeit vom lokalen Produktmarkt – erworben werden können (Abb. 2.2).

Der resultierende Anstieg globaler Warenströme sowohl zwischen Handel und Konsument als auch zwischen einzelnen Händlern und Produzenten führt zu einer immer stärkeren Verflechtung der Volkswirtschaften. Diese Verflechtung erkennt man auch bei zahlreichen international aktiven Unternehmen der Konsumgüterindustrie, wenn sie zum Beispiel Produktionsprozesse komplett oder in Teilen in Schwellen- und Entwicklungsländer verlagern. Nachhaltig denkende Konsumenten legen gerade in diesem Falle besonderen Wert darauf, dass die Produktion beispielsweise von Textilwaren unter menschenwürdigen Arbeitsbedingungen abläuft (Koch 2012).

Die zunehmende Verflechtung ganzer Kulturen führt gleichermaßen zu einem immer selbstverständlicheren Nebeneinander und Miteinander von Produkten aus verschiedenen Weltregionen. Zum Beispiel bieten auch deutsche Supermarktketten

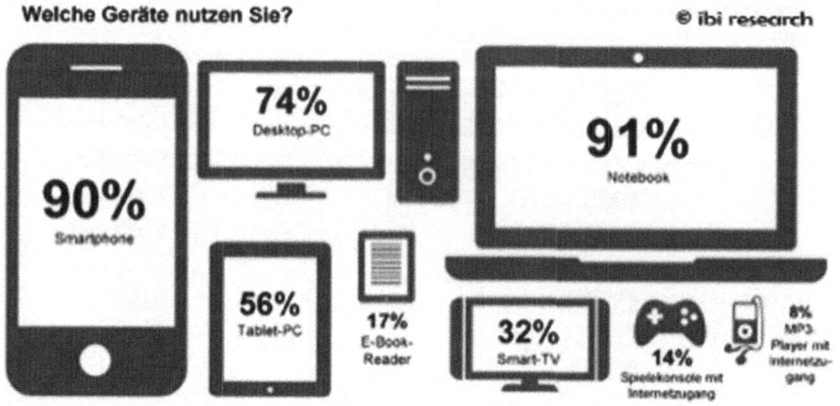

Abb. 2.3 Digitalisierung der Gesellschaft. (ibi research 2014)

inzwischen häufig asiatische Produkte an, die mittlerweile fast ebenso selbstverständlich zum Produktangebot gehören wie die Waren von Markenherstellern aus „westlichen" Industrienationen. Dabei muss Globalisierung nicht zwangsläufig zur Verdrängung von Produkten lokaler Hersteller aus den Warenregalen führen, wie das zunehmende Konsumenteninteresse an regionalen Lebensmitteln zeigt, welches unter anderem darauf zurückzuführen ist, dass der Import ausländischer Waren stets mit klimaschädigender Logistik verbunden ist.

Digitalisierung Im Zuge der Digitalisierung scheint auch der Mensch sich mehr und mehr zu einem digitalen Wesen zu entwickeln (Abb. 2.3).

Mitglieder der Bewegung „Quantified Self" beispielsweise versuchen, etwa ihre persönliche Fitness oder Ernährung, zu „messen", um ihr Leben auf Basis quantitativer Daten zu optimieren. Die Apple Smartwatch, welche 2015 auf den Markt kommen soll, wirbt auch deshalb zum Beispiel damit, den Puls ihres Besitzers messen zu können und damit nicht nur Aussagen über Fitness und Gesundheit, sondern sogar die aktuelle Gefühlslage ihres Benutzers treffen zu können (Marks 2014).

„Self-tracking" steht exemplarisch dafür, wie die scheinbar allgegenwärtige Digitalisierung mittlerweile beinahe auch die letzten Winkel unseres gesellschaftlichen Alltags erfasst. Der Begriff der Digitalisierung bezeichnet ursprünglich die Umwandlung analoger Signale in digitale Signale. Spricht Christian Rätsch von einer „digitalen Seele", die in alle Dinge des Alltags einfließt, so meint er jedoch nicht die Umwandlung analoger Gegenstände in digitale, sondern vielmehr die

Anreicherung dieser um eine zusätzliche digitale Dimension, wie sie beim Self-tracking über eine Smartwatch geschieht.

Seit seinem Bestehen durchlief das Internet bereits tiefgehende Veränderungen. Eine der gravierendsten davon liegt für Rätsch in der Tatsache, dass das Internet heute nicht mehr an einen PC gebunden ist, sondern dank mobiler Datennetze immer weiter auf die Straße rückt. Als „Outernet" trägt es damit immer stärker dazu bei, dass die Trennung zwischen Digitalem und Analogem unschärfer wird und im Grunde nicht mehr existiert. Vielmehr, so Rätsch, wird die Dichotomie des Begriffspaars von einem hybriden Zustand beider Sphären abgelöst, wie ihn auch der junge polnische Autor Piotr Czerski (2012) in seinem Essay „Wir, die Netz-Kinder" beschreibt.

Die Allgegenwart der Digitalisierung des Alltags geht mit einer Geschwindigkeit vonstatten, mit der nicht alle Mitglieder der Gesellschaft gleichermaßen Schritt halten können. Dieser Entwicklung versucht die Einteilung der Gesellschaft in sogenannte „Digital Natives" und „Digital Immigrants" Rechnung zu tragen, wodurch Menschen auf Grundlage ihres unterschiedlichen Bezugs zu digitalen Technologien eingeordnet werden. Als „Digital Natives" gelten gemeinhin jene, welche wie selbstverständlich mit dem soeben gekennzeichneten hybriden Zustand aus Analogem und Digitalem im Alltag aufgewachsen sind. „Digital Immigrants" dagegen erleben diese Entwicklung anders und müssen, um nah am Begriff zu bleiben, erst in diese hybride Welt „immigrieren", nachdem sie zuvor bereits eine rein analoge Welt ohne Internetanschluss kennenlernten. Die tatsächliche Relevanz des Begriffspaars kann jedoch hinterfragt werden, da auch viele ältere Menschen mittlerweile wie selbstverständlich mit dem Internet umgehen können, ohne es als vom „wahren" Leben separierten Raum zu verstehen. Dennoch zeigt die Debatte um beide Begriffe, dass die Hybridität von Digitalem und Analogem unaufhaltsam fortzuschreiten scheint.

Ähnlich wie die Erfindung der Dampfmaschine, des Radios oder des ersten Computers stellt die Verbreitung des Internets einen Quantensprung dar, der nach Rätsch auch die Gesellschaft auf eine neue Ebene katapultiert. Die enorme Geschwindigkeit jedoch, mit der die digitale Seele Einzug in unseren Alltag hält, ist historisch gesehen kaum vergleichbar und löst deshalb oftmals gerade innerhalb der älteren Generation mitunter ein Gefühl der Überforderung aus. Die Dynamik dieser Entwicklung erfordert nach Rätsch deshalb eine schrittweise Konditionierung von Mensch und Gesellschaft.

Es scheint daher wenig verwunderlich, dass diese Entwicklung auch Gegenbewegungen auslöst. Eine davon beschreibt der Medientheoretiker Nathan Jurgenson unter dem Schlagwort „IRL Fetish". Dieser Begriff bezeichnet das Streben nach ent-digitalisierten Momenten des vermeintlichen „wahren Lebens" (IRL = „in real life“). Mit Offline-Sein wird in diesem Zusammenhang häufig beispielsweise ein Ende der permanenten Erreichbarkeit gemeint, um mehr Zeit für die Pflege „echter“ sozialer Kontakte verbunden, die nicht nur in sozialen Netzwerken stattfindet (Jurgenson 2012). Diese Entwicklung geht mitunter so weit, dass inzwischen sogar Anleitungen zum Offline-Sein kursieren – paradoxerweise jedoch im Internet als mittlerweile unabdingbare Informationsquelle (König 2012).

Direkte Auswirkungen der Digitalisierung auf den Privatkonsum Die Internetpräsenz einer Vielzahl von Einzel- und Großhändlern weltweit bewirkt eine grenzenlos wirkende Produktvielfalt, die Vor- und Nachteile für Konsumenten mit sich bringt. Einerseits können Konsumenten aus einem breiteren Angebot weltweit jene Produkte auswählen, die tatsächlich zu ihren individuellen Vorstellungen passen. Außerdem können sie mittels eigener Recherchen oder verschiedener Vergleichsportale Preise vergleichen und so oftmals jede Menge Geld sparen. Andererseits bedeutet der ortsunabhängige Konsum im Internet in der Regel auch, dass Versandkosten den angebotenen Preis erhöhen und darüber hinaus mitunter klimaunfreundliche Logistikprozesse bedingen. Zudem kritisieren viele das enorm große Produktangebot als Symbol einer Überflussgesellschaft.

Eng verbunden mit der Verbreitung des Internets ist die zunehmende Nutzung sozialer Netzwerke und von Bewertungsplattformen, in denen Kunden ihre Kritik gegenüber Unternehmen und Produkten öffentlich für jedermann einsehbar kund tun können. Diese beeinflusst Kunden genauso wie Social-Media-Kampagnen von Unternehmen aktiv in ihrer Kaufentscheidung, da das Internet inzwischen eine der zentralen Recherchemedien für Konsumenten darstellt: 91 % der Verbraucher haben bereits einmal im Internet nach Inspiration für ihren Einkauf gesucht (Zukunft des Handels/Inspiration 2012). Für Verkäufer und Unternehmen besteht dadurch die Herausforderung, im Internet möglichst transparent Informationen über ihre Produkte zur Verfügung zu stellen.

Die Digitalisierung verändert den täglichen Konsum nicht nur auf direkte Art und Weise, indem Einkäufe zunehmend zeit- und ortabhängig geschehen können, sondern auch indirekt über die Verbreitung von Trends und Markenbotschaften über soziale Netzwerke, Onlinekampagnen und Onlinecommunities. Die „digitale Seele“ gehört damit zu den Haupteinflussfaktoren für die Art und Weise, wie wir konsumieren, und wird mit großer Wahrscheinlichkeit auch die Konsummuster von morgen weiter verändern – nicht zuletzt auch im Bereich von Individualisierung, nachhaltigem und kollaborativem Konsum, wie das folgende Kapitel zeigen wird.

3 Neue Konsummuster

3.1 Individualisierung und Personalisierung

Personalisierte Produkte sind Trend: Ein scheinbarer Dauerbrenner sind dabei Fotoprodukte wie Fotobücher oder Fotokalender. Auf diese Art und Weise sind Verbraucher in der Lage, persönliche Erlebnisse zum zentralen Teil von Produkten und Geschenken zu machen. Darüber hinaus fungieren personalisierte Produkte natürlich auch in der Außendarstellung als Symbol für eigene Identität und eigenen Stil, wenn man zum Beispiel an Smartphone-Hüllen mit selbst gewähltem Motiv denkt.

Der Eindruck, dass Konsumenten scheinbar immer stärker nach individuellen Produkten streben, wirft in Zusammenhang mit der Digitalisierung des Alltags die Frage auf, ob es Zusammenhänge zwischen beiden Entwicklungen gibt. Für Christian Rätsch scheint dies jedoch zunächst ein Irrglaube, da der Mensch schon immer individuell gewesen sei und seiner Individualität schon seit der Steinzeit Ausdruck verleihe. Als Beispiel nennt er Höhlenmalereien, die schon damals der Umwelt eine persönliche Wahrnehmung vermittelten. Auch im Handwerk seien individuelle Kundenwünsche nichts Neues: Kunden von Töpfereien wollten seit jeher passende Töpfe für ihren Bedarf, wie auch Hemden bereits seit Jahrhunderten maßgeschneidert würden.

Gleichermaßen stellt jedoch die Produktvielfalt gerade im Internet einen idealen Rahmen dar, um dem Streben der Menschen nach Individualität eine Plattform zu bieten. Dank Internet ist es möglich, beinahe den gesamten Markt mit wenigen Klicks zu überschauen und aus einer Vielzahl von Angeboten die passenden Produkte auszuwählen. Unternehmen erhalten über das Internet somit die Möglichkeit, selbst kleinste Nischen profitabel mit passenden Produkten zu versorgen. Gerade große Onlinewarenhäuser wie Amazon oder eBay sind in der Lage, einen großen Bestand von Nischenprodukten zu lagern und jederzeit auszuliefern.

A. Ternès et al., *Konsumentenverhalten im Zeitalter der Mass Customization*, essentials, DOI 10.1007/978-3-658-09846-9_3

Abb. 3.1 Deine eigene Schokolade. (Chocri 2014)

Mass Customization Auch das Produktionsprinzip „Mass Customization" greift das Streben vieler Konsumenten nach Individualität auf. Das Konzept zielt auf kundenindividuelle Massenproduktion ab – eine nur scheinbar widersprüchliche Wortverbindung: Mass Customization bedeutet, dass Konsumenten am Produktionsprozess beteiligt werden, indem sie zwischen einer bestimmten, vorgegeben Anzahl von Produktvariationen wählen können, um daraus schließlich ein persönlich auf ihre Vorlieben angepasstes Produkt zu erhalten.

Ein erstklassiges Beispiel hierfür liefert der Berliner Schokoladenhersteller Chocri, dessen Vertriebsleiter Alexander Ertner das Prinzip „Mass Customization" im konkreten Fall wie folgt erläutert: Auf der Website können Konsumenten mittels eines eigens programmierten Konfigurators ihre persönliche Wunschschokolade zusammenstellen (Abb. 3.1). Dabei gibt Chocri verschiedene Einschränkungen, sogenannte Module vor, zwischen denen seine Kunden wählen können. So können sie etwa nur zwischen jeweils vier verschiedenen Schokoladensorten und -formen entscheiden, d. h. zum Beispiel zwischen einer Vollmilchschokolade in Herzform oder einer Zartbitterschokolade in traditioneller Rechteckform. Außerdem können Chocri-Kunden unter anderem aus 80 verschiedenen Zutaten bis zu sechs verschiedene auswählen, mit denen eine Schokoladentafel verfeinert wird.

Bei so vielen Varianten verwundert es nicht, dass manche Kunden ob der verschiedenen Wahlmöglichkeiten teilweise ein wenig überfordert scheinen. Eine zentrale Herausforderung der gesamten Branche sieht Ertner deshalb vor allem darin, die richtige Balance zwischen Variantenreichtum und Kundenbedürfnissen zu finden. So nützt es beispielsweise weder Kunden noch Unternehmen etwas, wenn Besucher der Onlinestores von der Auswahl überfordert sind und daher den Bestellprozess nicht abschließen. Wichtig an dieser Stelle ist vor allem ein intuitiv bedienbares Interface, das an kritischen Stellen für Entwirrung sorgt und sicherstellt, dass Kunden auch tatsächlich ihre gewünschte Zusammenstellung erhalten.

Chocri steht mit seiner Idee, Produkte nach den Vorlieben seiner Kunden zu individualisieren, deutschlandweit keineswegs alleine dar. So existiert beispielsweise die Möglichkeit, selbst die kleinen Schokolinsen von M&M mit individuellen Bildern und Texten zu versehen. Die Drogeriekette Rossmann bietet an, einzelne Pflegeprodukte der Eigenmarke IS ANA mit persönlichem Etikett inklusive Foto herstellen zu lassen. Ähnliche Konzepte verfolgen beispielsweise auch MY PARFUM für individualisierte Parfümdüfte oder mymuesli für selbst kreierbare Müslisorten (Rätsch 2014).

Das Prinzip „Mass Customization“ scheint vielversprechend, weist jedoch auch einige Nachteile auf. Da beispielsweise jede Schokoladentafel bei Chocri individuell und vor allem in Zusammenarbeit mit dem Kunden hergestellt wird, ist ein Umtausch der gelieferten Ware von Vornherein ausgeschlossen. Außerdem sind individualisierte Produkte aufgrund der komplexeren Produktionsprozesse in der Regel teurer als vergleichbare Standardprodukte. Dieser Nachteil wird jedoch in der Regel dadurch aufgehoben, dass individualisierten Produkten auf Grund ihrer persönlichen Gestaltung ein emotionaler Zusatznutzen innewohnt, der Konsumenten einen etwas teureren Preis wert scheint (Rätsch 2014).

3D-Druck Eine Zukunftstechnologie, welche die Möglichkeiten von Mass Customization weiter auf die Spitze treiben könnte, entwickelt sich gerade mit dem 3D-Druck. 3D-Drucker fertigen aus einem oder mehreren Materialien dreidimensionale Artefakte auf der Grundlage eines digitalen Modells. Beispiele erfolgreicher 3D-Druck-Experimente erscheinen aus heutiger Sicht vielleicht noch skurril, könnten jedoch schon bald selbstverständlich sein. Das chinesische Unternehmen WinSun lässt etwa mit Hilfe eines 140 × 10 × 6,6 m großen 3D-Printers innerhalb nur weniger Stunden ganze Gebäude bauen. Darüber hinaus ist es bereits gelungen, sogar Lebensmittel im 3D-Drucker herzustellen, wie beispielsweise Pasta oder Eiscreme (Strobel 2014).

Stand Ende 2013 waren weltweit nur 25.000 3D-Drucker im Besitz von Verbrauchern, 2018 rechnet Juniper Research jedoch bereits mit über einer Million. Gründe hierfür sieht das Marktforschungsinstitut vor allem darin, dass die Bandbreite möglicher Anwendungen für 3D-Drucker steigt und die Preise für die neue Technologie weiter fallen werden. Gerade traditionelle Unternehmen aus der Druckindustrie, wie beispielsweise HP, steigen immer stärker in den Markt für 3D-Technologien ein und könnten so mit weiteren Innovationen für weitere Schubkraft in ihrer Verbreitung sorgen (KPMG 2014).

Zum Erfolg der Technologie dürfte auch der bereits erläuterte Trend nach individualisierten Produkten beitragen, da Kunden direkt in den Produktionsprozess gewünschter Artikel einbezogen werden können – oder gar völlig losgelöst von der Wirtschaft eigene Produkte, wie etwa Schuhe oder Schmuck, herstellen können. Dies unterstreicht auch Paul Wilkinson aus der Forschungs- und Entwicklungsabteilung der britischen Supermarktkette Tesco, der für den Einzelhandel etwa per 3D-Druck gefertigte Wunschspielzeuge, die Kinder auch selbst designen können, ins Spiel bringt. Darüber hinaus beschreibt er die Möglichkeit, einen digitalen Katalog für Ersatzteile anzubieten, die im Schadenfalle per 3D-Drucker nachproduziert werden könnten (KPMG 2014).

Eines der zentralen Probleme des 3D-Drucks liegt im Schutz des geistigen Eigentums der Erfinder von 3D-Hologrammen, darunter vor allem Künstler, Unternehmen, aber auch Privatpersonen. Zum einen könnten Konsumenten bei einer Weiterentwicklung der Technologie eigene Produkte entwerfen und dabei möglicherweise die Designs bekannter Marken kopieren, sodass die Frage des Copyrights entsprechender digitaler Modelle gestellt werden muss. Gleichermaßen sollte hinterfragt werden, wie Unternehmen sicherstellen können, dass Konsumenten ein bestelltes Produkt tatsächlich auch nur einmal drucken und nicht unerlaubterweise an Dritte weiterveräußern (KPMG 2014).

Um Gebrauchsgegenstände selbst herzustellen, ist am Ende jedoch bei aller Zukunftseuphorie nicht unbedingt ein 3D-Drucker nötig. Ein weiterer Ausdruck der Individualisierung wird häufig im sogenannten „Maker Movement" gesehen, das die Do-it-yourself-Mentalität zahlreicher Konsumenten beschreibt (Sievers 2014). Egal ob im Bereich Handwerk, Mode oder Inneneinrichtung – viele Gebrauchsobjekte wie ein rustikaler Holzofengrill, selbstgeschneiderte T-Shirts oder individuelle Blumenvasen sind mit ein wenig Kreativität und handwerklichem Geschick schnell selbst hergestellt und dabei auch noch besonders individuell.

Mood Manufacturing Mehr als jeder zweite Verbraucher hat sich durch das Produktangebot im Internet bereits einmal überfordert gefühlt (Zukunft des Handels/Inspiration 2012). Ein Hauptgrund hierfür könnte darin liegen, dass viele Produkte sich kaum noch in ihrer Qualität unterscheiden, sondern häufig über Attribute und emotionale Komponenten, die ihnen bzw. entsprechenden Marken zugeschrieben werden. Der Begriff der Marke hilft Unternehmen und Produkten dabei schon seit geraumer Zeit, sich nicht nur über den eigentlichen Gebrauchswert zu definieren, sondern gleichzeitig über ein unverwechselbares Wertefundament.

Noch einen Schritt weiter geht hier das Konzept des Mood Manufacturing, das auf den ersten Blick keine Produkte, sondern Stimmungen veräußern möchte. Ein Beispiel hierfür stellt das Onlinereisebüro iTravel dar, das sich auf Individualreisen

Abb. 3.2 Das Beauty-Erlebnis von Glossybox. (GLOSSYBOX 2014)

spezialisiert hat. Auf der Startseite können Verbraucher im Reisefinder nicht etwa zwischen verschiedenen Destinationen wählen, sondern zwischen den Erlebnissen „Fahrtwind spüren", „Entspannen am Strand" oder „Mich treiben lassen" (iTravel 2014a). Entscheidet sich ein Konsument etwa für letztere Option, werden verschiedene Segeltörns als eigentliche Produkte vorgeschlagen (iTravel 2014b).

Mood Manufacturing endet jedoch nicht beim Verkauf von Produkten auf Basis emotionsgeladener Stimmungen, sondern erfährt als erfolgreiches Geschäftsmodell von Start-ups wie GLOSSYBOX auch eine klare Verbindung zum Megatrend Individualisierung. GLOSSYBOX greift den Trend „Beauty" auf und inszeniert ihn dabei als Event: Einmal im Monat bekommen Kunden ein Paket mit fünf verschiedenen, auserwählten Kosmetikprodukten zugeschickt (Abb. 3.2). Das Start-up bezeichnet dies – ganz im Sinne des Mood Manufacturing – als „das Beauty-E rlebnis" (GLOSSYBOX 2014).

Curated Products: Produkte nach Maß Eine ähnliche Strategie verfolgt das ebenfalls in Berlin sitzende Start-up OUTFITTERY. Konsumenten erhalten entsprechend ihrem persönlichen Stil sowie ihrer geschmacklichen und preislichen Vorstellungen ein komplettes Outfit zugeschickt, das von OUTFITTERY-Mitarbeitern zusammengestellt wurde. Die „Style-Experten“ verfolgen dabei nach eigenen Angaben das Ziel, die Männerwelt von der Qual des Shoppings zu befreien (OUTFITTERY 2014a).

Sowohl OUTFITTERY als auch GLOSSYBOX bedienen den verstärkt spürbaren Trend um kuratierte Produkte: Immer mehr Konsumenten verlassen sich auf Experten, wie beispielsweise die entsprechend positionierten Stylistinnen auf der OUTFITTERY-Website, um eine individuell passend oder inspirierend erlesene Produktauswahl zu erhalten. Umfragezahlen zeigen, dass für dieses Konzept durchaus Interesse auf Seiten der Konsumenten besteht: Jeder Zweite hat schon einmal einen Artikel gekauft, den er in einer Zusammenstellung von Experten oder „Trendsettern“ gefunden hat (Zukunft des Handels/Inspiration 2012).

OUTFITTERY und GLOSSYBOX zeigen Möglichkeiten auf, wie einige Nachteile des Onlinehandels gegenüber stationären Einzelhändlern zumindest ansatzweise gelöst werden könnten. Zum einen beruht die angebotene Produktzusammenstellung auf einer Beratungsleistung von Experten – ein Vorteil, der überwiegend dem stationären Einzelhandel zugewiesen wird. Des Weiteren zeigt gerade GLOSSYBOX mit seinem Claim „Das Beauty-Erlebnis“, wie auch das Einkaufen im Internet als Konsumerlebnis gestaltet werden kann. Gleichzeitig verfolgt OUTFITTERY mit einem zusätzlichen Showroom in Berlin gewissermaßen eine Multichannel-Strategie, indem interessierte Konsumenten einen Termin zur persönlichen Stilberatung in einem Berliner Showroom ausmachen können (OUTFITTERY 2014b).

Kuratierte Produkte sind jedoch keineswegs auf die Bereiche Fashion und Beauty beschränkt. Auch in der Lebensmittelbranche existieren bereits Konzepte, bei denen Konsumenten auf einzelne Kuratoren zurückgreifen, um etwa sichergehen zu können, wirklich gesunde und hochqualitative Produkte zu kaufen, gleichzeitig aber auch die eigene Ernährungsweise nachhaltiger zu gestalten. Dass sich der Begriff der Nachhaltigkeit dabei immer stärker auch im Konsumkontext wiederfindet, zeigt der folgende Abschnitt.

3.2 Nachhaltiger Konsum

Der Begriff der Nachhaltigkeit erfreute sich in den vergangenen Jahren großer Beliebtheit. 2009 besuchte beispielsweise Bundeskanzlerin Angela Merkel den sogenannten Nachhaltigkeitsrat, wo sie betonte, dass zum Ziel der Nachhaltigkeit eine globale Kooperation aller Staaten vonnöten sei. Auch immer mehr Unternehmen veröffentlichen Nachhaltigkeitsberichte, um ihre eigene Nachhaltigkeitsstrategie zu definieren und vor allem auch zu belegen. Eine weniger erfreuliche Entwicklung ist jedoch, dass einige Unternehmen den Begriff der Nachhaltigkeit gerne als reines Etikett verwenden, das teilweise nicht mehr als eine leere Worthülse darstellt.

Die oftmals überstrapaziert wirkende Verwendung des Begriffs wirft die Frage nach seiner eigentlichen Bedeutung auf. Eine häufig zitierte Definition für Nachhaltigkeit wurde bereits 1987 von der Weltkommission für Umwelt und Entwicklung erarbeitet. Nachhaltig ist demnach eine

> Entwicklung, die den Bedürfnissen der heutigen Generation entspricht, ohne die Möglichkeiten künftiger Generationen zu gefährden, ihre eigenen Bedürfnisse zu befriedigen und ihren Lebensstil zu wählen. (Lexikon der Nachhaltigkeit 2014)

Eng damit verbunden sind der nachhaltige Umgang mit Ressourcen sowie ein klimaneutrales Verhalten von Staat, Industrie und Privatleuten. Darüber hinaus spielt in diesem Kontext der Begriff der Generationengerechtigkeit eine zentrale Rolle, nach welchem Nachfolgegenerationen nicht durch das Fehlverhalten der aktuellen Generation in ihrem Lebensstil beschränkt werden sollen. Vor diesem Hintergrund streben bereits jetzt viele Verbraucher danach, durch Anpassung ihres persönlichen Konsumverhaltens ihren ökologischen Fußabdruck zu minimieren.

Nachhaltiger Konsum im Lebensmittelbereich Die Gründe, weshalb sich nachhaltiger Konsum immer stärker zu einem Ideal im Konsumverhalten zahlreicher Verbraucher entwickelt, sind vielfältig. Viele Veganer und Vegetarier begründen ihren täglich gelebten Verzicht auf tierische Produkte etwa mit dem Klimawandel. So erklärt Sebastian Zösch, dass etwa ein Fünftel der Treibhausgase weltweit auf die Tierhaltung für den Fleischkonsum zurückzuführen ist. Auch aufgrund der zunehmenden gesellschaftlichen Kritik an den Umständen der Massentierhaltung entscheiden sich scheinbar immer mehr Menschen in Deutschland dazu, auf tierische Produkte zu verzichten.

Laut VEBU ist bei der Anzahl der Vegetarier jährlich eine Wachstumsrate von etwa 10 % zu verzeichnen, bei Veganern sogar von 20 bis 30 %. Für das Jahr 2020 rechnet der Verband deutschlandweit mit 15 bis 20 Mio. Vegetariern und etwa fünf bis sieben Millionen Veganern. Doch damit nicht genug: Auch diejenigen Deutschen, die auf Fleisch nicht verzichten möchten, scheinen ihren Fleischkonsum inzwischen nachhaltiger zu gestalten. 51 % der Deutschen verzichten beispielsweise an drei Tagen der Woche bewusst darauf, Fleisch zu essen. Etwa die Hälfte der Deutschen können daher als sogenannte Flexitarier bezeichnet werden, was Zösch überwiegend auf gesundheitliche Überlegungen zurückführt.

Curated Food Der Trend zu einer bewussteren Ernährung spiegelt sich auch in der Idee des „Curated Food“ wider. Ein Beispiel für diesen Trend liefert die Restaurantkette „LYFE – Love Your Food Everyday“ in den USA, die konsequent auf Gesundheit, Nachhaltigkeit und regionale Produkte setzt. So ist beispielsweise die Kalorienanzahl pro Gericht auf maximal 600 festgesetzt. LYFE versucht damit, das zunehmende Gesundheits- und Nachhaltigkeitsbewusstsein der Konsumenten zu bedienen, indem es quasi als Kurator lediglich ausgewählte Produkte für seine Speisen verwendet – einer der Grundgedanken von Curated Food (Rützler und Huber 2014, S. 18 f.).

Auch Jörn Gutowski verwirklicht als Geschäftsführer des Berliner Start-ups „Try Foods“ die Idee von Curated Food. Nach eigener Aussage strebt er mit seiner Geschäftsidee danach, hochwertige Lebensmittel für Verbraucher sinnlich erlebbar zu machen. Try Foods bietet derzeit fünf verschiedene Sets von Schokolade, Salz, Pfeffer, Olivenöl und Kaffee mit jeweils fünf verschiedenen, hochwertigen Sorten des jeweiligen Produkts an. Diese sind allesamt Lebensmittel des alltäglichen Bedarfs, die ihren tatsächlichen Wert jedoch gerade aufgrund von günstigen Discount-Angeboten teilweise verloren zu haben scheinen. Mit den Sets möchte Try Foods jedoch die große Vielfalt der verschiedenen Sorten unterstreichen und seine Kunden so auf eine kulinarische Entdeckungstour einladen, um Alltagsprodukte neu zu erleben (Abb. 3.3).

Abb. 3.3 Try Foods – das Berlin-Set. (Try Foods 2014)

Für Gutowski bedeutet Try Foods gleichermaßen einen Beitrag zur Entwirrung der von vielen Verbrauchern empfundenen Komplexität des Alltags. Seiner Ansicht nach haben viele Menschen kaum Zeit, sich tiefgehend mit dem Thema Ernährung zu beschäftigen, obwohl sie sich grundsätzlich immer stärker dafür interessieren. Die entsprechenden Probiersets informieren deshalb in kurzer, stichhaltiger Art und Weise über ausgewählte Lebensmittel. Gleichzeitig zeigt Try Foods durch seinen Fokus auf eine stark begrenzte Anzahl von Lebensmitteln, wie viel Variantenreichtum alleine schon in Salz und Pfeffer liegt.

Nicht zuletzt fungiert Try Foods gleichzeitig als Sinnbild dafür, wie eine so grundlegende menschliche Aktivität wie das Essen sich unter dem Stichwort „Food" scheinbar als aufstrebender Lifestyle-Trend etabliert. Gutowski findet es in diesem Zusammenhang beinahe kurios, dass es inzwischen Food-Messen gibt, auf denen Besucher Eintritt bezahlen, um dort kuratierte Lebensmittel verkosten und schließlich kaufen zu können. Ausgehend davon kann er sich für die Zukunft die Existenz stationärer Märkte für hochwertige Nahrungsmittel vorstellen, auf denen Konsumenten entsprechend Curated Food von vertrauensvollen, nachhaltig denkenden Produzenten kaufen können und dafür auch bereit sind, Eintritt zu bezahlen.

Konsumkritik und Streben nach Simplifizierung Die Besinnung auf die einfachen Dinge des Lebens, wie auch in Zügen am Beispiel Try Foods zu erkennen, spiegelt sich ebenfalls in verschiedenen von Marketing-Fachleuten definierten Konsumgruppen wider. So werden etwa Verbraucher, die nach einer solchen Vereinfachung des Alltags streben, unter der Abkürzung „LOVOS" (=„Life of Voluntary Simplification") zusammengefasst. LOVOS zeichnen sich besonders dadurch aus, dass sie entgegen der immer stärkeren Beschleunigung des gesellschaftlichen Fortschritts freiwillig einen Gang zurückschalten, um sich auf die grundlegenden Inhalte des Lebens besinnen zu können. Ziel ist dabei, sich von den Zwängen des Alltags zu lösen und dadurch ein selbstbestimmteres Leben im Sinne eines „Simple Living" führen zu können (Simple Living 2014).

LOVOS teilen darüber hinaus einige Grundwerte der LOHAS (=„Life of Health and Sustainability"), die sich laut Konsumentenforschung jedoch stärker durch die Wertschätzung von Gesundheit und Nachhaltigkeit identifizieren (Neubacher 2012). Beide Gruppen allerdings üben sich in ihrem Konsumverhalten eher in Verzicht, um einerseits ihren ökologischen Fußabdruck zu minimieren und andererseits der häufig postulierten Überflussgesellschaft im Sinne eines „Cult of Less" zu entfliehen. Die GfK bezifferte den Marktanteil von LOHAS bereits 2008 mit 23 % (Karmakonsum 2008).

Einen zentralen Grund für das Streben vieler Menschen, in einer vereinfachten Umgebung mit Fokus auf lebenswichtigen Elementen zu leben, sieht Christian Rätsch in der fehlenden Konditionierung der Gesellschaft in Bezug auf die immer omnipräsenter wirkende digitale Seele. Denn obwohl die technischen Helferlein im Grunde dazu beitragen sollen, unseren Alltag zu vereinfachen, empfinden viele, vor allem die ältere Generation, die neuen digitalen Möglichkeiten als überflüssige Komplexitätssteigerung. Viele Menschen sehnen sich daher nach Pausen von permanenter Erreichbarkeit und digitalem Fortschritt, was sich auch im bereits anfangs skizzierten IRL Fetish widerspiegelt.

Konsumkritik und innovative Geschäftsideen müssen sich jedoch keinesfalls gegenseitig ausschließen. Ein gutes Beispiel hierfür sind die aktuell in Berlin entstehenden „Original unverpackt"-Märkte, in denen Lebensmittel ohne Verpackung angeboten werden. Auf diese Art und Weise soll vor allem die Menge an Plastikmüll reduziert werden, der beim Kauf gebräuchlicher Lebensmittel in großen Mengen anfällt und eines der größten Umweltprobleme darstellt (Schnucker 2014). Bei Erfolg könnte das Geschäftsmodell von „Original unverpackt" in Zukunft auch auf weitere Supermarktketten ausstrahlen und das Thema Plastikmüll weiter ins Bewusstsein der Gesellschaft rücken.

Entsprechende Nachhaltigkeitsdiskussionen gewinnen nicht zuletzt durch die Digitalisierung, soziale Netzwerke und Onlinecommunities immer stärker an Intensität. Schließlich stellt das Internet inzwischen eine der zentralen Informationsquellen für Verbraucher dar: Konsumenten haben hier die Möglichkeit, sich schnell und unkompliziert etwa über Unternehmen und deren Nachhaltigkeitsstrategie zu informieren. Dabei stoßen sie nicht nur auf die jeweiligen Unternehmenswebsites, sondern natürlich auch mit nur wenigen Klicks auf kritische Medien- und Blogartikel. Das Internet kann damit als ein zentraler Grund dafür betrachtet werden, dass Konsumenten heute informierter denn je scheinen und sich mitunter zu wahren Experten einzelner Produktklassen und gesellschaftlicher Prozesse entwickeln.

Informierte Konsumenten fordern deshalb auch verstärkt stichhaltige Belege, wenn sich ein Unternehmen beispielsweise selbst als nachhaltig bezeichnet. Neben der Nachweispflicht von Unternehmen führt dies gleichermaßen zu der Pflicht, ihr unternehmerisches Handeln möglichst transparent der Öffentlichkeit zugänglich zu machen. Das gilt nicht nur für den Bereich der Ökologie, sondern auch für das Streben vieler Konsumenten nach einer gesunden Lebensweise. Marken wie zum Beispiel die Restaurantkette LYFE, die mit dem Versprechen gesunder Lebensmittel auf dem Markt bestehen will, sollten daher besonders sicherstellen, ihr Konsumentenversprechen konsequent einzuhalten.

3.3 Kollaborativer Konsum

Nachhaltiger Konsum – das bedeutet für immer mehr Konsumenten auch, Produkte in der Gruppe gemeinsam zu nutzen. Aus diesen Gründen entwickeln sich für verschiedene Service- und Produktkategorien immer wieder neue „Sharing Communities“, in denen einzelne Produkte und Dienstleistungen in der Gruppe genutzt werden. Eines der bekanntesten Konzepte im Bereich Sharing Economy sind Car-Sharing-Modelle wie DriveNow oder car2go, die vor allem in Großstädten einen Fuhrpark von Autos zur Verfügung stellen, die Kunden über eine App orten und anschließend gegen eine Gebühr nutzen können. Alleine DriveNow zählt deutschlandweit bereits 300.000 Kunden, die 2360 Autos in fünf Städten nutzen können (www.carsharing-news.de 2014).

Betrachtet man dagegen die Bereitschaft der Deutschen, ihre *eigenen* Besitztümer wie beispielsweise Autos, Wohnungen, aber auch einfache Gebrauchsgegenstände wie Handwerksgeräte zu teilen, dann fällt diese auf den ersten Blick eher bescheiden aus: Nur 43 % würden über Share-Plattformen Dinge an andere verleihen. Dabei existieren jedoch große Unterschiede zwischen den Altersklassen: 61 % der 14- bis 29-Jährigen wären bereit, anderen einen Teil ihres Besitzes zu leihen. Diese Zahlen sinken mit zunehmendem Alter jedoch immer weiter, sodass beispielsweise 40- bis 49-Jährige nur noch zu 41 % dazu bereit wären, anderen etwas zu leihen; bei den Über-60-Jährigen sind es sogar nur noch knapp 33 % (Marquart 2014).

Die Zahlen zeigen, dass die Beziehung zu eigenen Besitztümern gerade in den jüngeren Generationen rationaler zu werden scheint, weshalb mehr junge Menschen dazu bereit sind, Gebrauchsgegenstände mit anderen zu teilen, um beispielsweise Kostenersparnisse zu erzielen. Diese Sicht teilt auch der Verkehrspsychologe Bernhard Schlag, wenn es um die Beziehung der Deutschen zu ihren Fahrzeugen geht. Seiner Einschätzung nach scheint gerade die jüngere Generation einen vernunftbetonteren Umgang zu Auto und Motorrad zu entwickeln, sodass die Transportfunktion im Vordergrund ihres Interesses steht. Vor dem Hintergrund dieser Entwicklung scheint es kaum verwunderlich, dass heute 757.000 Deutsche Carsharing nutzen, während es in den 1990er Jahren gerade einmal etwa 10.000 waren (Braun 2014).

Share Economy oder Ko-Konsum scheinen dabei noch jede Menge Potenzial in Deutschland zu besitzen: Gerade einmal 15,7 % haben von diesen Begriffen überhaupt schon einmal gehört. Lediglich 21,3 % wissen, dass es im Internet Verleihplattformen wie zum Beispiel Leihdirwas gibt, bei denen Nutzer gegen eine geringe Gebühr private Dinge oder Geräte leihen können oder eigene Produkte leihweise anbieten können. Selbst von Vermittlungsplattformen für Übernachtungsmöglichkeiten wie Airbnb hat scheinbar noch nicht einmal ein Drittel der Konsumenten etwas mitbekommen, obwohl entsprechende Angebote schon jetzt den Hotelmarkt in Deutschland durcheinander bringen (Fraune 2014). Für GfK-Verein-Geschäftsführer Raimund Wildner scheint es sich bei Sharing-Angeboten bisher jedoch noch um ein „intellektuelles Großstadtphänomen zu handeln, das in weiten Teilen Deutschlands noch in den Kinderschuhen steckt" (Marquardt 2014).

Crowdfunding bzw. Crowdsourcing Ähnlich wie Konzepte der Share Economy beruhen auch sogenannte „Crowdfunding"- bzw. „Crowdsourcing"-Projekte auf der Konsumkraft von vielen Verbrauchern bzw. Investoren. Konsumenten nehmen dabei selbst Einfluss auf die Zukunft des Produktangebots, indem sie Produkt- oder Geschäftsideen über die Gruppe bzw. im „Schwarm" zusammen mit anderen finanzieren. So finanzierte sich beispielsweise auch das Berliner Start-up „Original unverpackt" über Crowdfunding, indem Privatleute den Gründerinnen entsprechende Spenden zukommen ließen.

Inzwischen existieren zahlreiche Beispiele aus sehr verschiedenen Bereichen der Konsumgüterindustrie, die über Crowdfunding finanziert wurden. So erwirtschaftete die ehemalige Teenie-Punkband „Killerpilze" zur Finanzierung ihres letzten Albums über 75.000 €, die nötig waren, um das Album möglichst unabhängig von den großen Labels der Musikbranche aufnehmen zu können (Anouk 2014). Auch die Verfilmung der beliebten Fernsehserie „Stromberg" finanzierte sich per Crowdfunding über 3000 Kleinanleger, die dadurch gleichzeitig Anteile an diesem Projekt erwarben und am Ende auch am Gewinn des Filmprojekts beteiligt wurden (DIE WELT 2014). Beide Beispiele zeigen, wie grundlegend Crowdfunding in Zukunft nicht nur die Finanzierung von neuen Produkten und Projekten verändern könnte, sondern wie sehr Konsumenten mittlerweile in der Lage sein können, das Angebot von Konsumgütern selbst mitzubestimmen.

Die erfolgreichen Beispiele für Crowdfunding sollten jedoch nicht verschleiern, dass für Privatinvestoren stets die Gefahr besteht, ein Projekt zu unterstützen, dessen Realisierung am Ende nicht wie geplant umgesetzt werden kann. Dennoch scheint Crowdfunding in der Lage, wie es die Huffington Post etwa ein wenig empathisch formulierte, Konsumenten ein Stück Macht zurückzugeben. In jedem Falle scheint Crowdfunding jedoch bereits die Art und Weise zu verändern, wie Ideen realisiert werden, die ohne dieses Modell zuvor beispielsweise von Banken gar keinen Kredit bekommen hätten. Ein kurioses Beispiel: Die gentechnisch veränderte Pflanze, die im Dunkeln leuchtet und so als Nachttischlampe fungieren soll – eine Idee, die über die Plattform Kickstarter bereits finanziert wurde und ohne Crowdfunding vielleicht keine Finanzierungsgrundlage gefunden hätte (Schönleben 2014).

4 Fazit

Wie werden wir in Zukunft einkaufen? Während diese Frage im Essential „Konsumentenverhalten im Zeitalter der Digitalisierung" vorwiegend aus Perspektive von Einzelhandel und Konsumgüterindustrie untersucht wurde, rückte im vorliegenden Essential der Mensch selbst noch stärker in den Mittelpunkt der Betrachtung. Zwischen „Ich" und „Wir" wurden auf den vergangenen Seiten zahlreiche Konsumtrends skizziert: „Ich" – das bezieht sich auf den Bereich der Individualisierung genauso wie auf die individuelle Verantwortung jedes Verbrauchers im Ringen um eine nachhaltigere Zukunft. „Wir" schließlich unterstreicht, dass nur in der Gruppe nachhaltige Lösungen erarbeitet werden können. Genauso jedoch zeugt auch unser Streben nach Individualität davon, dass wir unsere Rolle in der Wir-Gruppe finden wollen.

Die dargestellten Trends besitzen jedoch keinerlei Anspruch auf Vollständigkeit und Absolutheit. Vielmehr sollten sie als Ausdruck aktueller Entwicklungen und Diskussionen verstanden werden, deren zukünftige Relevanz stark davon abhängt, wie sie von den Konsumenten aufgenommen und welche gesellschaftlichen und technologischen Rahmenbedingungen in Deutschland vorherrschen werden. Stand 2014 ist zum Beispiel kaum absehbar, ob sich die 3D-Druck-Technologie im Privatkonsum tatsächlich durchsetzen wird. Daneben werden nachhaltige Konsummuster wohl niemals die Gesamtheit aller Konsumentengruppen erreichen, da ebenso wahrscheinlich scheint, dass auch häufig weniger nachhaltige Discount-Angebote weiter große Beliebtheit erfahren werden. Dennoch lässt sich auf Grundlage der erfolgten Ausarbeitungen eine begrenzte Anzahl möglicher Konsummuster festhalten, welche die Kaufentscheidungen von Konsumenten in Deutschland in den kommenden zehn Jahren prägen könnten.

A. Ternès et al., *Konsumentenverhalten im Zeitalter der Mass Customization*, essentials, DOI 10.1007/978-3-658-09846-9_4

Nachhaltigkeit spielt eine größere Rolle im Konsumalltag vieler Verbraucher Nachhaltiger Konsum findet nicht nur im Lebensmittelbereich etwa beim Kauf rein pflanzlicher Produkte statt, worüber immer mehr Konsumenten ihren ökologischen Fußabdruck im Sinne einer nachhaltigeren Zukunft minimieren wollen. Darüber hinaus spiegelt sich der Anspruch auf Nachhaltigkeit auch im Kauf regionaler Produkte wider, um zum Beispiel umweltschädigenden Gütertransport zu minimieren und regionale Anbieter zu unterstützen. Vom Motiv der Nachhaltigkeit lassen sich zahlreiche weitere Konsummuster ableiten.

Kollaborativer Privatkonsum nimmt zu Das Motiv Nachhaltigkeit findet sich gleichermaßen im Bereich Share Economy wieder. Zahlreiche Verbraucher betrachten den Besitz von Gebrauchsgegenständen, von Geräten bis hin zum Auto, mittlerweile rationaler und sind bereit, diese aus finanziellen und ökologischen Gründen mit anderen zu teilen. Im Kontext von kollaborativem Konsum könnte sich daneben auch Crowdfunding mit dem Durchbruch weiterer erfolgreicher Geschäftsideen weiter etablieren und macht dabei auch um ökologische Businesskonzepte keinen Bogen, wie das Beispiel „Original unverpackt“ aus Berlin zeigt.

Privatkonsum geschieht bewusster Eng verbunden mit einer rationaleren Betrachtungsweise von Konsum und Besitz ist häufig eine konsumkritische Einstellung einiger Verbraucher. Viele hinterfragen, was für den Alltag wirklich benötigt wird, und setzen ihre Prioritäten dabei stärker auf ethisch-moralische und nachhaltige Werte denn auf Ideale von Konsum- und Überflussgesellschaft. Konsumkritik muss sich jedoch nicht zwangsweise durch Verzicht ausdrücken, sondern kann sich auch in einem bewussteren Konsumverhalten äußern. Hierfür steht Verbrauchern mit dem Internet eine gute Informationsquelle zur Verfügung, um sich über entsprechende Produkte nicht nur bezüglich Preis und Qualität, sondern etwa auch bezüglich deren Nachhaltigkeit zu informieren.

Verbraucher setzen verstärkt auf gesundheitsfördernde Produkte Bewusstere Kaufentscheidungen gehen häufig mit dem Anspruchsdenken vieler Konsumenten einher, dass entsprechende Produkte ihrer Gesundheit nicht nur nicht schaden, sondern diese sogar fördern. Dies betrifft zum einen den Lebensmitteleinzelhandel, wo neben der Nachhaltigkeit von Waren auch das Gesundheitsdenken vieler Kunden in den Fokus der Hersteller rücken sollte. Nicht zuletzt zeigen Trends wie Selftracking, dass das Gesundheitsbewusstsein zahlreicher Verbraucher auch für weitere Warengruppen von Wichtigkeit sein kann, wie zum Beispiel Wearables als potenzielle Erweiterung zu Smartphones und weiteren Mobilgeräten.

Kaufentscheidungen werden häufiger im Vertrauen auf Kuratoren und Produktexperten gefällt Gerade im Lebensmittelbereich könnte sich der Trend zu kuratierten Produkten bestätigen. Konsumenten verlassen sich in diesem Falle in ihrer nachhaltigen, bewussten Konsumeinstellung auf die Vorauswahl von Experten, wie von Try-Foods-Geschäftsführer Jörn Gutowski am Beispiel möglicher Märkte für kuratierte Lebensmittel skizziert wurde. Das Kuratorenkonzept bezieht sich jedoch bei Weitem nicht nur auf den Bereich Food, sondern könnte sich auch für weitere Produktkategorien wie Mode oder Drogerieartikel etablieren, wie beispielsweise an den Geschäftsideen von OUTFITTERY oder GLOSSYBOX dargestellt.

Privatkonsum wird individueller Nicht nur die Style-Pakete von OUTFITTERY sind individuell auf den Konsumenten abgestimmt: Immer mehr Unternehmen versuchen, mittels individualisierter Angebote das Streben vieler Verbraucher nach Individualität zu bedienen. Dieses Streben ist zwar kein Phänomen unserer Zeit, scheint jedoch im Zuge von technologischen Innovationen wie dem 3D-Druck und produktionstechnischen Verfeinerungen im Sinne der Mass Customization immer besser realisierbar, wodurch Ansprüche an maßgeschneiderte Produkte weiter steigen. Nicht zuletzt bietet das Internet mit seiner großen Produktvielfalt eine wichtige Grundlage dafür, dass Verbraucher mit nur wenigen Klicks jene Produkte finden können, die zu ihren individuellen Vorstellungen passen.

Privatkonsum wird digitaler Die zunehmende Digitalisierung scheint nicht nur Treiber der Individualisierung, sondern auch Treiber nachhaltiger Konsummuster zu sein. Schließlich haben Verbraucher über das Internet die Möglichkeit, sich besser über Marken und Produkte zu informieren und sich darüber hinaus in sozialen Netzwerken mit Gleichgesinnten zu vernetzen. Darüber hinaus werden immer mehr Einzelhandelsumsätze online und mobil generiert, wie auch digitale Elemente immer stärker in den stationären Einzelhandel einziehen und so den Privatkonsum mittelfristig neu gestalten. Nähere Hintergründe hierzu finden sich im dazugehörigen Essential „Konsumentenverhalten im Zeitalter der Digitalisierung".

Individualität ist eng verbunden mit dem Begriff der Freiheit, nach welcher jeder Mensch selbstbestimmt entscheiden kann, was für ihn persönlich wichtig ist und wie er sein Leben gestalten möchte. Betrachtet man dies jedoch vor dem Hintergrund des alltäglichen Privatkonsums, besteht ein gewisser Widerspruch zwischen den Grundgedanken der Individualität und den Einschränkungen, welche stationäre Einzelhändler genauso wie Onlinehändler ihren Kunden vorgeben. Dies gilt nicht nur für die bewusst manipulierende Gestaltung von Onlineshops und Einzelhandelsgeschäften, sondern auch für die Einschränkungen, die Vertreter der

Mass-Customization-Branche ihren Kunden auferlegen. In diesem Sinne entsteht mitunter eine nur scheinbare Wahlfreiheit für den Konsumenten, die sich jedoch tatsächlich innerhalb vorgegebener Grenzen abspielt.

Diesen Befürchtungen steht jedoch die Vielfalt neuer Produkte gegenüber, welche das Konsumerlebnis vieler Verbraucher tatsächlich verbessern, indem sie angefangen beim im 3D-Drucker produzierten Mini-Kopfhörer bis hin zum Traumhaus ihrem individuellem Stil Ausdruck verleihen können. Außerdem sollte bedacht werden, dass Konsumenten im Grunde schon immer zwangsläufig vom Angebot Handelstreibender abhängig und damit in ihrer Entscheidungsmacht beschränkt waren – ein andauerndes Dilemma, welches wohl auch in Zeiten der Digitalisierung nicht gelöst werden kann. Umso dienlicher scheint dabei allerdings, dass mit Hilfe des Internets ein neues Informationsmedium mittlerweile in fast alle Bereiche des Alltags eindringt, mit Hilfe dessen Konsumenten sich mittels eigener Recherchen vor Manipulationen durch die Händler besser wehren können. Denn am Ende ist die größte Waffe von Verbrauchern ihr Verstand – und damit ihre Macht, sich im Zweifel gegen den Kauf eines dubiosen Produkts zu entscheiden.

Anhang

Anhang: Interviews

Interview mit Christian Rätsch, Geschäftsführer des Agenturnetzwerks Saatchi & Saatchi

Datum: 27. August 2014

Gesprächspartner: Marc Jerusel (MJ), Christian Rätsch (CR)

MJ: Kurz und einfach – was bedeutet für Sie „Digitalisierung des Alltags“?

CR: Ich spreche in diesem Zusammenhang gerne von einer Art „digitaler Seele“, die in alle Dinge des Alltags einfließt und somit natürlich den Menschen und die gesamte Gesellschaft direkt betrifft. Das Internet als alles vernetzendes System wird so zu einem zentralen Integrator und Treiber der Gesellschaft.

In diesem Zusammenhang entwickelt sich das Internet, das in seinem frühen Stadium noch an den PC gebunden war, immer mehr zum „Outernet“ – also zum Tor in die Welt. Nun rückt das Internet mit diversen Mobile-Anwendungen immer stärker auf die Straße und hält Einzug in das wahre Leben. Die Trennung zwischen Digitalem und Analogem wird dabei immer unschärfer – sie wird von einem hybriden Zustand beider Sphären abgelöst.

MJ: Internet der Dinge, intelligente Maschinen und etliche Apps als Helferlein im Alltag – zugespitzt formuliert müssten die Menschen eigentlich über Unterforderung klagen. Viele Menschen fühlen sich jedoch im Gegenteil von Digitalisierung und Komplexität des Alltags überfordert. Woran könnte dies Ihrer Meinung nach liegen?

A. Ternès et al., *Konsumentenverhalten im Zeitalter der Mass Customization*, essentials, DOI 10.1007/978-3-658-09846-9

CR: Ich denke, dass dies viel mit einer Art fehlender Konditionierung der Menschen zu tun hat. Die digitale Seele kehrt so schnell in alle Prozesse des Alltags ein, dass viele Menschen hiermit schlichtweg überfordert sind.

Es ist ja nicht so, dass es nicht auch in der Vergangenheit radikale Innovationen gab, die alle Aspekte der Gesellschaft tiefgreifend veränderten. Man denke nur an die Eisenbahn und die plötzliche Möglichkeit, Waren in deutlich kürzerer Zeit von einem Ort zum nächsten zu transportieren – eine der Grundlagen der industriellen Revolution im 19. Jahrhundert.

Man spricht davon, dass jeder sogenannte „Quantensprung" bewirkt, dass sich auch die Gesellschaft auf eine neue Ebene begibt. Auch die Entwicklung des Internets stellt einen solchen Einschnitt dar. Der große Unterschied beispielsweise zur Eisenbahn ist jedoch, dass diese Entwicklung deutlich schneller vonstattengeht. Das Internet ist schließlich noch nicht einmal 20 Jahre alt und ist jetzt schon dabei, unseren Alltag voll und ganz umzukrempeln. Auf die Komplexität und Schnelligkeit dieses Wandels ist der Mensch selbst in seiner Evolution noch nicht genug konditioniert.

MJ: Viele Menschen achten mittlerweile darauf, sich selbst Stunden oder gar Tage der Unerreichbarkeit ohne Smartphone und Internet aufzuerlegen. Wird sich dieser Trend Ihrer Meinung nach in Zukunft noch weiter verstärken?

CR: Der Mensch ist in seiner Evolution seit jeher auf Pausen und Erholung getrimmt. Ich würde sogar soweit gehen zu sagen, dass Erholung in der DNA des Menschen steckt. Es gab eine ähnliche Diskussion beispielsweise vor etwa zehn Jahren rund um das Thema „Power-Napping": Sollte man es Arbeitnehmern erlauben, zwischendurch im Büro ein kurzes Nickerchen zu halten, um neue Energie für die Stunden bis zum Feierabend zu sammeln?

Die Diskussion um den Zusammenhang zwischen Produktivität und Erholung kommt nun auch verstärkt im Kontext der Digitalisierung in der Wirtschaft an. Der Mensch ist schließlich nicht von Natur aus dafür geschaffen, dauernd „on" zu sein. Das Problem ist allerdings, dass die Digitalisierung niemals schläft und keine Pausen erlaubt. Hier kommt es zwangsläufig zu einem Zielkonflikt, der nur mit Hilfe klarer Regeln zu lösen sein wird.

Es ist daher kein Wunder, dass es einen massiven Trend zu Selbstschutzmaßnahmen gibt, um sich selbst „Offline-Zeiten" zu genehmigen. Man denke beispielsweise an das Stichwort „Social-Media-Diät", nach der man sich lediglich kleine Portionen Internetaktivität am Tag gönnt. Ich gehe sogar davon aus, dass es in absehbarer Zeit „Digital-Urlaubsanträge" geben wird, um Arbeitnehmern feste Zeiten zu garantieren, in denen sie nicht erreichbar sein müssen.

MJ: Sie sprechen in einem Blog-Artikel von personalisierten Produkten als „neuem Megatrend". Das Konzept „Mass Customization" existiert in der Wissenschaft jedoch bereits seit der Jahrtausendwende. Was hat sich seitdem getan und was können wir von „Mass Customization" in Zukunft noch erwarten?

CR: Ich würde es zunächst einmal so beschreiben, dass wir uns in der Konsumgüterindustrie vermehrt von einem Produkt-Fokus zu einem Produktions-Fokus bewegen. Das bedeutet, dass Firmen heute dann erfolgreich sind, wenn sie sich nicht nur über ein bestimmtes Produkt definieren, sondern über den Mehrwert, den sie ihren Kunden bieten – und den entsprechenden Service. Weltmarktführer wird am Ende das Unternehmen, das bestehende Kundenbedürfnisse am besten erkennt und befriedigt, indem es individuelle Wunschprodukte anbietet.

Ein Paradebeispiel hierfür ist die Automobilindustrie, in der inzwischen so ziemlich jedes Ausstattungsdetail nach den Wünschen des Kunden individualisiert werden kann. MINIs beispielsweise können Käufer in ihrer persönlichen Wunschfarbe lackieren lassen. Und auch Toyota, welche früher noch extrem standardisierte Modelle anbot, bietet heute mit dem Aygo scheinbar unendlich viele Kombinationsmöglichkeiten.

Der Trend „Mass Customization" geht über individualisierte Produkte hinaus, beispielsweise zu personalisierten Services. Man denke zum Beispiel an die Möglichkeiten von Location-based Services, wo Menschen an bestimmten Orten nützliche Hinweise und Angebote direkt auf das Smartphone gespielt bekommen können – etwa auf Großveranstaltungen. Auch Google arbeitet mit „Google Now" an einem Service, der alle Dienste Googles kombiniert und die gesammelten Daten dafür einsetzt, Nutzern individuelle Handlungsempfehlungen zur Optimierung ihres Alltags zu bieten.

MJ: Konsumenten versuchen mehr und mehr, sich mit Hilfe ihrer individuellen Konsumentscheidungen selbst zu verwirklichen. Was ist Ihrer Meinung nach dabei richtig: „Das Internet ist ursächlich für den Megatrend Individualisierung", oder „Das Internet verstärkt den Megatrend Individualisierung lediglich"?

CR: Individualität steckt in der DNA des Menschen. Der Mensch war schon immer individuell und will seit jeher seiner Individualität Ausdruck verleihen. Selbst Höhlenmalereien dienten nicht nur dem Selbstzweck, sondern sollten schon damals der Umwelt persönliche Wahrnehmungen vermitteln.

Auch im Handwerk sind individuelle Kundenwünsche bei Weitem nichts Neues. Die Kunden von Töpfereien wollen seit jeher passende Töpfe für ihren Bedarf und Hemden werden schon seit Jahrhunderten maßgeschneidert. Der Unterschied zu heute: Mittlerweile lässt sich mit individualisierten Produkten richtig Geld verdienen.

Seit Herausbildung der Konsumgesellschaft werden immer kleinere Nischen identifiziert, die mit den passenden Produkten bedient werden. Diese Entwicklung ist mittlerweile jedoch an ihre Grenzen gestoßen. Das Internet stellt dabei in gewisser Weise eine Lösung des Dilemmas dar. Es erweitert die Märkte in der Hinsicht, dass Kunden per Internet in den gesamten Markt Zugang haben. Damit können sie zwischen einer Vielzahl von Angeboten frei wählen und so ihr Grundbedürfnis nach Individualität befriedigen.

MJ: Worin liegen für Sie die Hauptursachen für den Trend, das „Ich" im Konsum in den Vordergrund zu stellen und beispielsweise personalisierte Produkte zu konsumieren?

CR: Meine Antwort wird an dieser Stelle vielleicht überraschen, doch am Ende geht es bei der ganzen Diskussion um Individualisierung und Personalisierung gar nicht um das „Ich", sondern um das „Wir". Denn die Menschen streben danach, sich selbst in der Gruppe Ausdruck zu verleihen und ihren Platz darin zu finden. Gerade soziale Netzwerke wie Facebook eignen sich in diesem Zusammenhang bestens, um die eigene Position in verschiedenen Gruppen zu verankern.

Interview mit Mark Sievers, Head of Consumer Markets, KPMG

Gesprächstermin: 29. September 2014, 15:00 UhrGesprächsteilnehmer: Mark Sievers (MS), Marc Jerusel (MJ)

MJ: Wie haben sich die Konsumausgaben und -präferenzen in Deutschland während der letzten zehn Jahre in Grundzügen verändert?

MS: Das kommt ein wenig auf die Perspektive an. Betrachtet man beispielsweise, welchen Teil die Deutschen von ihrem Einkommen sparen oder konsumieren, dann lag die Sparquote in den vergangenen Jahren ziemlich konstant bei zehn bis elf Prozent. Im internationalen Vergleich sind die Deutschen damit eine sparsame Nation.

Schaut man sich dagegen an, für welche Bereiche wir unser Einkommen ausgeben, dann wuchs der Anteil, den wir im Einzelhandel ausgegeben haben, marginal. Dies bewegt sich jedoch in etwa im Rahmen der Preissteigerungsrate, sodass wir unser Geld verstärkt in anderen Bereichen ausgeben, allen voran für Lebenshaltungskosten wie Miete, Energie und Gesundheit. Zudem investierten die Deutschen in den vergangenen zehn Jahren etwas stärker in Bildung oder Versicherungen.

Betrachtet man die Frage nach veränderten Konsumausgaben unter der Perspektive der Faktoren, *wie* wir nachfragen, dann lassen sich verschiedene Megatrends herauskristallisieren, die den Konsum stark beeinflussen. Ein zentraler Punkt ist hierbei die Entstrukturierung des Alltags, die ausschlaggebend vom Internet beeinflusst wird. Die Art und Weise, wann und wo wir konsumieren, wird nicht mehr länger vorgeschrieben: Konsum geschieht dann, wenn wir Lust darauf haben.

Ein großer Einfluss auf den Konsum geht zudem natürlich auch vom demografischen Wandel aus: Wir werden immer weniger! Zwar wird die Anzahl der Haushalte mittelfristig noch einmal kurz ansteigen, die Haushalte sind jedoch deutlich kleiner als zum Beispiel noch vor 30 oder 40 Jahren. Das hat beispielsweise Auswirkungen auf die Anzahl an Haushaltsprodukten, die wir kaufen.

Nicht zuletzt wurde in der Vergangenheit verstärkt versucht, die sinkende Bevölkerungszahl durch Zuwanderung abzumildern. Zuwanderer weisen sich gemäß ihrer Sozialisation durch andere Konsummuster und -präferenzen aus, wofür neue Produkte auf dem Markt benötigt wurden.

MJ: Die Durchsetzung welcher drei Megatrends halten Sie für die kommenden zehn Jahre am wahrscheinlichsten?

MS: Auch hier spielt wieder die Perspektive eine Rolle, aus welcher man die Frage betrachtet. Aus Sicht der Industrie beispielsweise gehört das Thema „Data Analytics" in diesem Jahr zu den dringlichsten Themen. Punkte wie die Sicherheit von Daten, die Frage nach einer digitalen Unternehmensstrategie sowie die Verbesserung des Digital Engagement finden verstärkt ihren Weg auf die Agenda der Unternehmen.

Darüber hinaus gewinnt das Thema „Supply Chain Management" an Bedeutung, und damit alle Methoden, um Risiken in der Zuliefererkette von Unternehmen zu minimieren und nachhaltige Produktions- und Logistikprozesse sicherzustellen. Nicht zuletzt rücken vor allem für jene Unternehmen, die im Binnenmarkt keine Wachstumschancen mehr aufweisen, Fragen nach der internationalen Expansion ihres Geschäfts in den Vordergrund.

Auf Kundenseite hingegen steht vor allem die Individualisierung von Produkten und Service-Dienstleistungen auf dem Erwartungsprofil ganz oben. Gleichzeitig weist beispielsweise der Werte-Index von TNS Infratest und dem Trendforschungsbüro von Prof. Wippermann in diesem Jahr das Thema „Gesundheit" als Megatrend aus. Das bedeutet, dass beispielsweise der Trend zum Selftracking zunehmen wird, um das Leben möglichst gesund zu durchschreiten.

Unternehmen sind hierbei gefragt, entsprechende Produkte und Services auf den Markt zu bringen, und dabei natürlich auch auf deren Nachhaltigkeit zu achten. Nicht zuletzt wird natürlich auch die Digitalisierung unseren Alltag weiter verändern – eine Entwicklung, die nicht mehr aufzuhalten ist und die wir auch gar nicht aufhalten möchten.

MJ: Welche Rolle spielen individualisierte Produkte im Erwartungsprofil deutscher Konsumenten in den kommenden zehn Jahren?

MS: Gerade im Bereich „Mass Customization" sehe ich in Deutschland noch großes Potenzial für alle Warengruppen, die in irgendeiner Art und Weise individualisiert werden können. Der Grund dafür ist klar: Zum einen befriedigen individualisierte Produkte ein akutes Kundenbedürfnis, zum anderen können Unternehmer hierbei gute Margen erzielen.

Und man bedenke: Spielraum für Individualisierungen gibt es genug, denn die verschiedenen Geschmäcker, Farbvorlieben etc. der Konsumenten sind unerschöpflich.

MJ: Die bisher getätigten Aussagen bezogen sich überwiegend auf den deutschen Markt. Doch auch in Schwellenländermärkten wie Brasilien, China oder Afrika wandeln sich Konsummuster rasant, viele sprechen von einem „nachholenden Konsum". Inwiefern holen diese Märkte tatsächlich Entwicklungen unserer Breiten nach, oder gibt es im Gegensatz dazu Bereiche, in denen uns einzelne Märkte bereits voraus sind?

MS: Im Falle von Ländern wie China oder Indien kann aufgrund der Größe der Märkte natürlich schon gesagt werden, dass sie bezüglich der Absatzmengen bestimmter Produkte weiter sind als wir in Deutschland.

Nichtsdestotrotz kann gerade in China von einem „nachholenden Konsum" in der Breite gesprochen werden. Produkte, die zuvor im Kontext einer Mangelsituation nicht verfügbar waren, wie beispielsweise Wein oder Kosmetikprodukte, erzielen in China gerade immer größere Absatzmengen. Das liegt vor allem an der zunehmenden Kaufkraft der Chinesen und an der Verfügbarkeit der Produkte, die so zuvor nicht gegeben war.

Ein gutes Beispiel hierfür ist Russland: Nachdem nun einige Produkte nicht mehr aus dem Ausland importiert werden können, entsteht eine Mangelsituation. Nach Aufhebung der Importrestriktionen werden diese Produkte jedoch genauso konsumiert werden wie zuvor.

Interview mit Alexander Ertner, Leiter Vertrieb/B2B/ Kooperationen Chocri

Gesprächstermin: 30. September 2014, 10:00 Uhr

Gesprächsteilnehmer: Alexander Ertner (AE), Marc Jerusel (MJ)

MJ: Was bedeutet „Mass Customization", also kundenindividuelle Massenproduktion, à la Chocri?

AE: „Mass Customization" bedeutet bei Chocri, dass unsere Kunden selbst ihre individuellen Wunschschokoladen und -pralinen kreieren können. Dabei geben wir ihnen im Falle der Schokoladentafeln und Pralinen einige Vorgaben, damit die Matrix nicht unendlich wird: Beispielsweise können Kunden bei den Tafeln jeweils zwischen vier Schokoladensorten und -formen entscheiden, zum anderen wählen sie sich aus 80 Zutaten bis zu sechs verschiedene aus, mit der wir ihre Schokolade verfeinern. Auf diese Art und Weise sind die Kunden direkt am Produktionsprozess ihrer Wunschschokolade beteiligt. Bei den Pralinen läuft es ähnlich.

MJ: Welche Services und Optionen bietet Chocri Privatkunden, um individuelle Kundenwünsche optimal befriedigen zu können?

AE: Hier sind zunächst unsere Onlinekonfiguratoren für Tafelschokoladen und Pralinen zu benennen, mit Hilfe derer die Kunden selbst bestimmen können, aus welchen Zutaten die Schokolade oder Praline bestehen und welche Form, Füllung oder welches Dekor sie besitzen sollen. Die Konfiguratoren sind so programmiert, dass sie beispielsweise auch erkennen, wenn bei der Wahl einer bestimmten Zutat nur noch eine begrenzte Anzahl weiterer Zutaten auf die Tafel oder Praline passt.

MJ: Spüren Sie eine Entwicklung in der Richtung, dass Konsumenten immer selbstverständlicher mit den Funktionen von Chocri umgehen? Oder anders gefragt: Gab es zu Beginn möglicherweise das Problem, dass Konsumenten von den vielen Optionen überfordert waren?

AE: Das ist in der Tat ein häufig diskutiertes Problem der gesamten „Mass Customization“-Branche. Grundsätzlich lässt sich sagen: Je größer die Variantenvielfalt, desto größer auch die Verwirrung unter den Kunden. In diesem Zusammenhang befinden wir uns daher ständig auf der Suche nach dem „heiligen Gral“ und müssen überlegen, wie weit wir am Ende gehen. Schlussendlich hilft hier natürlich auch ein intuitiv bedienbares Interface auf der Website weiter, um Kunden auf simple Art und Weise ihre Schokoladen kreieren lassen zu können. Ich denke, mit unseren Konfiguratoren haben wir da inzwischen ein gesundes Maß gefunden. Das wird uns von Zeit zu Zeit auch immer wieder durch verschiedene Onlinetester und Vergleichsportale bestätigt.

MJ: Individualisierung gehört zu den Konsumtrends schlechthin, und auch Chocri wird seine Geschäftsidee weiter anpassen und ausbauen müssen, um diesem Trend gerecht zu werden. Welche Projekte planen Sie in naher Zukunft, um weiter als Anlaufstelle schlechthin für individuelle Schokoladenkreationen zu bestehen?

AE: In der Tat haben wir bereits einiges unternommen, um unser Geschäftsfeld zu erweitern. Zum einen produzieren wir nicht mehr nur Schokoladen, sondern mittlerweile auch die erwähnten individuell kreierbaren Pralinen. Zum anderen haben wir mittlerweile auch Fremdprodukte in unseren Onlineshop mit aufgenommen, um unser Angebot im Schokoladen-Bereich auszubauen. Und last but not least agieren wir inzwischen auch vermehrt als Fulfillment-Anbieter im Onlinebereich für andere bekannte Markenartikler wie Coca-Cola und Ritter Sport.

Experteninterview mit Jörn Gutowski, Gründer und Geschäftsführer von TRY FOODS

Datum: 22. August 2014, 13:15 Uhr

Gesprächsteilnehmer: Marc Jerusel (MJ), Jörn Gutowski (JG)

MJ: Können Sie mir bitte in ein paar wenigen Sätzen das Geschäftsmodell von TRY FOODS erklären?

JG: Die Grundidee von TRY FOODS liegt darin, hochwertige Lebensmittel sinnlich und informativ erlebbar zu machen. Das bedeutet, dass wir unseren Kunden Probiersets verschiedener Lebensmittel anbieten, die sie zum Beispiel zu Hause mit Freunden gemeinsam testen können und mit Hilfe des beiliegenden Booklets interessante Informationen zu den Produkten erhalten.

Derzeit bieten wir die Sets Schokolade, Salz, Pfeffer, Olivenöl und Kaffee mit je fünf verschiedenen, hochwertigen Sorten an. Das sind Lebensmittel des alltäglichen Bedarfs, die jedoch in ihrer Vielfalt große Unterschiede offenbaren und unsere Kunden so auf eine kulinarische Entdeckungstour mitnehmen.

MJ: Worin liegt für Sie der größte Mehrwert Ihrer Geschäftsidee für den Endverbraucher?

JG: Der Mehrwert liegt vor allem darin, dass wir vermeintlich einfache Lebensmittel aus dem Alltag neu erlebbar machen und den Endverbraucher gleichzeitig über ihre große Vielfalt in Sachen Qualität, Preis und Geschmack informieren. Viele Konsumenten haben inzwischen den Überblick über diese Vielfalt verloren, haben jedoch häufig kaum Zeit, sich tiefgehend über diese Lebensmittel zu informieren. Die Probiersets von TRY FOODS bieten einen lustvollen Zugang zum Produkt.

MJ: Man könnte überspitzt sagen: Sie verkaufen eigentlich keine Produkte, sondern ein Erlebnis, ein Gefühl. Inwiefern stimmen Sie dem zu?

JG: Das kann man schon so sagen. Auch die den Probiersets beiliegenden Booklets animieren dazu, die Verkostung gemeinsam mit Freunden durchzuführen, um die Lebensmittel zusammen neu zu entdecken. Das gemeinschaftliche Probieren und Verkosten kann schließlich auch dabei helfen, sich untereinander noch besser kennenzulernen, da sich die Geschmäcker naturgemäß unterscheiden.

TRY FOODS bedient gleichzeitig auch den Trend, nach dem das Thema „Food" immer mehr zum Gesprächsthema innerhalb der Gesellschaft wird. Viele Menschen definieren sich zunehmend über ihre Ernährung, die Qualität gekaufter Lebensmittel und eine bewusste, nachhaltige Ernährungsweise. Man spricht über Essen als Lifestyle-Element und reflektiert seine Essgewohnheiten, womit das Thema Ernährung mehr und mehr auch Ausdruck der eigenen Identität wird.

MJ: Viele sprechen heute von einer „Überflussgesellschaft", in der es quasi von allem zu viel gibt. Man könnte behaupten, dass TRY FOODS weitere „Verwirrung" schafft, indem man trotz allen wahrgenommenen Überflusses dazu aufruft, selbst einfachste Lebensmittel wieder neu zu entdecken. Wie passt das zusammen?

JH: Ich würde eher sagen, dass unsere Probiersets zu einer Art „Entwirrung" führen. Wir rufen ja nicht nur zur Verkostung auf, sondern informieren den Verbraucher gleichzeitig, um Klarheit über die entsprechenden Produkte zu schaffen.

Man stelle sich zum Beispiel ein Regal in der Lebensmittelabteilung des KaDeWe vor, in dem es etliche Sorten von Olivenöl gibt. Ohne vorherige Informationen und das Wissen, was überhaupt die persönliche geschmackliche Präferenz ist, fällt es den meisten Menschen sehr schwer, eine bewusste Kaufentscheidung zu treffen. Hier helfen die TRY Probiersets, da sie dabei helfen, den eigenen Geschmack zu bilden und Informationen an die Hand geben, um bessere Kaufentscheidungen treffen zu können.

Zudem zeigt TRY FOODS durch den Fokus auf alltägliche Lebens- und Genussmittel, wie viel Variantenreichtum alleine schon zum Beispiel in Olivenöl oder Pfeffer liegt. Wenn Verbraucher bei ihrer Ernährung auf gute einzelne Lebensmittel Wert legen, merken sie, dass man gar nicht viele Komponenten für eine gelungene Mahlzeit benötigt. So entfernen sie sich gleichzeitig auch von der übrigen Komplexität, indem sie mit nur wenigen Nahrungsmitteln für großen Variantenreichtum beim Kochen zu Hause sorgen.

MJ: TRY FOODS macht das gemeinsame Essen zum Erlebnis und bedient damit einen immer stärker aufkommenden Trend im „Food"-Sektor. Was denken Sie, wie sich dieser Trend in Zukunft weiter entwickeln wird?

JH: Ich denke, dass es zwei Trends gibt, die sich in Zukunft etablieren werden. Zum einen wird es weiterhin sogenannte Convenience-Supermärkte und Discounter geben, in denen Endverbraucher möglichst schnell, einfach und günstig Lebensmittel des alltäglichen Bedarfs erwerben können. Dabei wird auch das Thema Lieferservice auf dem Lebensmittelmarkt immer stärker in den Fokus rücken, da viele Konsumenten sich ihren Einkauf lieber direkt nach Hause liefern lassen würden, um Zeit zu sparen.

Auf der anderen Seite jedoch wird sich der Trend von Food als Lifestyle an sich weiterhin verstärken. Es ist teilweise schon kurios: Es existieren mittlerweile Food-Messen, auf denen Leute Eintritt bezahlen, um dort kuratierte Lebensmittel verkosten und wiederum kaufen zu können. Es wird meiner Meinung nach auch im Einzelhandel neue Formate geben, die viel stärker auf den Erlebnis-Charakter von Essen setzen werden und bei denen es nicht so sehr darum geht, Lebensmittel des täglichen Bedarfs zu kaufen, sondern darum, das Besondere zu finden.

Was Sie aus diesem Essential mitnehmen können

- Individualität steckt in der DNA des Menschen und spielt daher seit jeher im Privatkonsum eine Rolle; das Streben danach wird jedoch durch die Digitalisierung und neue Produktionsprinzipien wie Mass Customization noch besser befriedigt.
- Die Kritik an der Überflussgesellschaft sowie ethische und ökologische Überlegungen zahlreicher Verbraucher werden dazu führen, dass Konsumenten größeren Wert auf nachhaltige Produkte legen.
- Das steigende Nachhaltigkeitsbewusstsein gestaltet auch die Beziehung vieler Konsumenten zu Gebrauchsgegenständen rationaler, was zu einem Zuwachs für Sharing Communities führen könnte.
- Bei Erfolg weiterer über Crowdfunding finanzierter Geschäfts- und Produktideen könnte das Konzept dazu beitragen, Verbraucher stärker an der Gestaltung des Produktangebots zu beteiligen.
- Alle Aussagen über zukünftige Entwicklungen geschehen jedoch vor dem Hintergrund, dass Konsummuster sich permanent weiterentwickeln und damit eine präzise Vorhersage unmöglich ist.

A. Ternès et al., *Konsumentenverhalten im Zeitalter der Mass Customization*, essentials, DOI 10.1007/978-3-658-09846-9

Literatur

Anouk, Misha. 2014. Von Killerpilz bis Wanderhure. 4 Beispiele für erfolgreiches Crowdfunding in Deutschland. Indub.io Blog. http://indub.io/blog/2014/04/23/crowdfunding/. Zugegriffen: 18. Okt. 2014.

Beitel, Patrick, et al. 2012. Bereit für die nächste Milliarde Konsumenten. McKinsey – Akzente 3/2012. http://www.mckinsey.de/sites/mck_files/files/Akzente_3.2012_Wachstumsstrategien.pdf. Zugegriffen: 5. Sept. 2014.

Börsch-Supan, Axel. 2011. Ökonomische Auswirkungen des demografischen Wandels. Website Bundeszentrale für politische Bildung. http://www.bpb.de/apuz/33444/oekonomische-auswirkungen-des-demografischen-wandels?p=all. Zugegriffen: 20. Okt. 2014.

Braun, Jessica. 2014. „Unsere Beziehung zum Auto wird rationaler". ZEIT ONLINE. http://www.zeit.de/mobilitaet/2014-04/carsharing-auto-emotion-psychologie. Zugegriffen: 15. Sept. 2014.

Bundeszentrale für politische Bildung. 2013. Konsum. http://www.bpb.de/nachschlagen/lexika/lexikon-der-wirtschaft/19828/konsum. Zugegriffen: 12. Sept. 2014.

Chocri. 2014. Deine eigene Schokolade. Chocri.de. http://www.chocri.de/ Zugegriffen: 20. Dez. 2014.

Czerski, Piotr. 2012. Wir, die Netz-Kinder. ZEIT ONLINE. http://www.zeit.de/digital/internet/2012-02/wir-die-netz-kinder. Zugegriffen: 2. Sept. 2014.

DIE WELT. 2014. „Stromberg" zahlt Geld an seine Unterstützer. DIE WELT online. http://www.welt.de/wirtschaft/article133360379/Stromberg-zahlt-Geld-an-seine-Unterstuetzer.html. Zugegriffen: 18. Okt. 2014.

Fraune, Burkard. 2014. Hotels fürchten die Konkurrenz von Airbnb. Berliner Zeitung online. http://www.berliner-zeitung.de/reise/hotel-airbnb-9flats-wimdu-zimmer-privat-mieten-online,10808656,28739956.html. Zugegriffen: 22. Okt. 2014.

GLOSSYBOX. 2014. Das Beauty-Erlebnis. Glossybox.de http://www.glossybox.de/. Zugegriffen: 18. Okt. 2014.

Horx, Matthias. 2010a. Trenddefinitionen. Matthias Horx Homepage. http://www.horx.com/zukunftsforschung/Docs/02-M-03-Trend-Definitionen.pdf. Zugegriffen: 15. Sept. 2014.

Horx, Matthias. 2010b. Trendforschung – eine kleine Einführung. Matthias Horx Homepage. http://www.horx.com/zukunftsforschung/Docs/02-M-02-Trendforschung.pdf. Zugegriffen: 15. Sept. 2014.

A. Ternès et al., *Konsumentenverhalten im Zeitalter der Mass Customization*, essentials, DOI 10.1007/978-3-658-09846-9

Ibi research. 2014. Digitalisierung der Gesellschaft. eSales4u. http://www.esales4u.de/2014/studie-einfluss-digitalisierung.php. Zugegriffen: 29. Dez. 2014.

Inifa. 2014. Demographischer Wandel in Deutschland. Inifa. http://www.inifa.de/demographische-wandel/. Zugegriffen: 29. Dez. 2014.

iTravel. 2014a. iTravel. So will ich reisen. iTravel Website. http://www.itravel.de/. Zugegriffen: 18. Okt. 2014.

iTravel. 2014b. Mich treiben lassen. iTravel Website. http://www.itravel.de/Erlebnisse/Mich%20treiben%20lassen. Zugegriffen: 18. Okt. 2014.

IW Medien. 2011. Die Top 20 des Welthandels. Wirtschaft und Schule. http://www.wirtschaftundschule.de/aktuelle-themen/globalisierung-europa/welthandel/die-wichtigsten-zahlen-zum-welthandel/. Zugegriffen: 29. Dez. 2014.

Jurgenson, Nathan. 2012. The IRL Fetish. The New Inquiry. http://thenewinquiry.com/essays/the-irl-fetish/. Zugegriffen: 15. Sept. 2014.

Karmakonsum. 2008. Marktforschung – GFK 23 % LOHAS. Karmakonsum Website. http://www.karmakonsum.de/2008/07/11/marktforschung-gfk-23-lohas/. Zugegriffen: 20. Okt. 2014.

Koch, Hannes. 2012. Die Textilproduktion zeigt die Brutalität der Globalisierung. Westdeutsche Allgemeine Zeitung online. http://www.derwesten.de/wirtschaft/die-textilproduktion-zeigt-die-brutalitaet-der-globalisierung-id7332541.html. Zugegriffen: 20. Okt. 2014.

König, Andrea. 2012. Manager müssen Offline-Zeiten einplanen. CIO online. http://www.cio.de/karriere/2888103/. Zugriffen: 15. Sept. 2014.

KPMG. 2014. 3D – Believe the Hype. ConsumerCurrents 17. http://www.kpmg.com/global/en/issuesandinsights/articlespublications/consumercurrents/pages/believe-the-hype.aspx. Zugegriffen: 17. Sept. 2014.

Lexikon der Nachhaltigkeit. 2014. Brundtland Bericht, 1987. http://www.nachhaltigkeit.info/artikel/brundtland_report_563.htm?sid=697e3f523c56eb183d685c73281d71e3. Zugegriffen: 19. Okt. 2014.

Marks, Paul. 2014. Apple's smart watch could have us all self-monitoring. New Scientist online. http://www.newscientist.com/article/mg22329874.500-apples-smart-watch-could-have-us-all-selfmonitoring.html. Zugegriffen: 19. Okt. 2014.

Marquart, Maria. 2014. Deutsche teilen nicht. SPIEGEL ONLINE: http://www.spiegel.de/wirtschaft/service/share-economy-uber-und-airbnb-deutsche-wollen-nicht-teilen-a-997502.html. Zugegriffen: 19. Okt. 2014.

Neubacher, Alexander. 2012. Hilfe, die LOHAS kommen! http://www.spiegel.de/politik/deutschland/oeko-fimmel-schadet-der-umwelt-a-820853.html. Zugegriffen: 15. Okt. 2014.

OUTFITTERY. 2014a. Ihre persönliche Style-Expertin. OUTFITTERY Website. http://www.Outfittery.de/. Zugegriffen: 18. Okt. 2014.

OUTFITTERY. 2014b. OUTFITTERY Showroom Berlin. OUTFITTERY Website. http://www.Outfittery.de/showroom. Zugegriffen: 18. Okt. 2014.

Pfadenhauer, Michaela. 2004. Wie forschen Trendforscher? Zur Wissensproduktion in einer umstrittenen Branche. Forum Qualitative Sozialforschung. http://www.forschungsnetzwerk.at/downloadpub/2004_Wissensproduktion_trendforschung_m_pfadenhauer.pdf. Zugegriffen: 15. Sept. 2004.

Rätsch, Christian. 2014). Individualisierung und Personalisierung von Produkten. Christian Rätsch Blog. http://christianraetsch.de/2014/01/06/individualisierung-personalisierung-von-produkten/. Zugegriffen: 31. Aug. 2014.

Rützler, Hanni, und Thomas Huber. 2014. Wie wir morgen essen werden. Trend update 02/2014.

Schnucker, Carmen. 2014. Kein Kleckern, kein Fleisch und jede Menge Müsli. Der Tagesspiegel online. http://www.tagesspiegel.de/berlin/bezirke/kreuzberg-blog/testkauf-bei-original-unverpackt-in-kreuzberg-kein-kleckern-kein-fleisch-und-jede-menge-muesli/10732530.html. Zugegriffen: 18. Okt. 2014.

Schönleben, Dominik. 2014. Kickstarter, Indiegogo, Startnext: Wie Crowdfunding die Macht an den Konsumenten zurückgibt. Huffington Post online. http://www.huffingtonpost.de/2014/02/08/crowdfunding-betrug-indiegogo-startnext_n_4695668.html. Zugegriffen: 22. Okt. 2014.

Sievers, Mark. 2014. DIY – Selbermachen leicht gemacht. KPMG Klardenker Blog. https://blog.kpmg.de/maerkte-ohne-grenzen/selbermachen-leicht-gemacht/. Zugegriffen: 20. Sept. 2014.

Simple Living. 2014. Simple Living. Kurze Einführung. Simple Living Website. http://www.simpleliving.de/einfuehrung.html. Zugegriffen: 15. Okt. 2014.

Statistische Ämter des Bundes und der Länder. 2011. Demografischer Wandel in Deutschland. Bevölkerungs- und Haushaltsentwicklung im Bund und in den Ländern. https://www.destatis.de/DE/Publikationen/Thematisch/Bevoelkerung/VorausberechnungBevoelkerung/BevoelkerungsHaushaltsentwicklung5871101119004.pdf. Zugegriffen: 2. Okt. 2014.

Strobel, Christoph. 2014. Langsam, aber sicher. Industrie entdeckt Potenziale des 3D-Drucks. TECHTAG Blog. http://www.techtag.de/it-und-hightech/langsam-aber-sicher-industrie-entdeckt-potenziale-des-3d-druck/. Zugegriffen: 12. Sept. 2014.

Stultz, Richard. 2014. Choices. Richard Schultz Photography – Website. http://www.richard-stultz.com/pages/index.php?page=Series&series=148. Zugegriffen: 22. Okt. 2014.

Try Foods. 2014. Das Berlin-Set. Tryfoods.de. https://www.tryfoods.de/set/berlin. Zugegriffen: 30. Dez. 2014.

Watson, Richard. 2014. Table of trends and technologies for the world in 2020. What's next. http://www.nowandnext.com/?action=misc&subaction=trend_maps. Zugegriffen: 29. Dez. 2014.

www.carcharing-news.de. 2014. Carsharing Anbieter. Carsharing News. http://www.carsharing-news.de/carsharing-anbieter/. Zugegriffen: 22. Okt. 2014.

Zukunft des Handels/Inspiration. (2012. Inspiration beim Online-Einkauf. Studie von Deloitte im Auftrag von Ebay. http://www.zukunftdeshandels.de/inspiration. Zugegriffen: 18. Sept. 2014.